KB123180

50⁺인생 후반전

더 여유롭게, 더 편안하게, 잘 달리는 법
50⁺인생 후반전

1판 1쇄 인쇄 2020년 12월 15일
1판 1쇄 발행 2020년 12월 23일

지은이 이은영
펴낸곳 도서출판 비엠케이

편집 안현정
디자인 아르떼203
제작 (주)꽃피는청춘

출판등록 2006년 5월 29일(제313-2006-000117호)
주소 03998 서울시 마포구 성미산로10길 12 화이트빌 1F
전화 (02) 323-4894 **팩스** (070) 4157-4893
이메일 arteahn@naver.com

값은 뒤표지에 있습니다.
ISBN 979-11-89703-27-1 03190

50⁺인생 후반전

더 여유롭게, 더 편안하게, 잘 달리는 법

이은영 지음

50, 이제 시작이라면 거짓말이지만
적어도 끝은 아니다!

몇 해 전 50을 넘기며 문득 내 인생도 후반전에 접어들었다는 실감이 났다. 쉰 살이면 하늘의 뜻을 아는 나이라는데 나는 무엇을 알고 있으며, 제대로 살고 있긴 한 것인지 자문해 보게 되었다. 아직도 모르는 게 많고, 가야 할 길이 먼 것은 매한가지지만 40대까지도 잘 몰랐는데 지금은 알게 된 것이 하나 있긴 하다. 할 수 있는 일과 할 수 없는 일이 있다는 것. 전반전에는 그저 열심히 뛰기만 하면 되지만, 후반전은 전반전의 스코어를 염두에 두고 뛰어야 하는 시간이다. 내 기량도 어느 정도 알고 있고, 전반전의 결과도 절대 바꿀 수 없다.

개중에는 뿌듯한 사람도, 울적한 사람도 있을 것이다. 어쨌든 인정해야 한다. 이제 50대이며, 지금의 모습은 과거의 내가 하루하루 만들어 온 결과물이라는 것을. 마찬가지로 인생 마지막 순간의 나는 지금과 근미래의 내가 만들어 갈 결과물일 것이다. 그러니 아직 끝나지 않았다. 전반전의 결과를 경기 종료 휘슬이 울릴 때까지 뒤집으려면 후반전을 잘 달리는 게 중요하다. 『50⁺인생 후반전』은 그 '잘 달리는' 법에 관한 책이다.

  잘 달리기 위해서는 먼저 방향을 잘 잡아야 한다. 1부에 삶의 지향에 관한 이야기를 담은 것은 그 때문이다. 중년에게 남은 50년의 인생을 어떤 방향으로 걸어갈지는 아주 중요한 문제이다. 50대는 이미 인생을 다 산 승자도 패자도 아니기 때문이다. 여전히 미완인 인생을 더 충만하고 완성도 있게 만들기 위해서는 중년에 어울리는 건강한 가치관이 필요하다. 인생의 시행착오를 줄이고 단단한 삶을 일구고 싶은 더 어린 세대가 읽어도 좋을 것이다.

2부에는 생업에서 전환기를 맞아 창업을 했거나 고민하는 중년에게 도움이 될 만한 나의 경험담을 담았다. 나 역시 과거 실직으로 인해 창업을 한 후 지금까지 사업을 이어 오고 있다. 비록 보잘 것 없는 이야기지만 20여 년간 소매점을 운영한 노하우와 도소매 유통 전문가로 예비 창업자들에게 창업에 관한 강의를 하며 느낀 점을 포함하여 절망적인 상황에서 희망을 길어 올린 시간들을 공유한다.

3부에서는 인생 후반전을 조화롭고 만족스럽게 꾸리기 위해 생각하고, 고민해야 할 내용들을 풀어놓았다. 중년에게 잘 달린다는 것은 더 이상 빨리 달리는 것을 의미하지 않는다. 지난 시절 우리는 얼마나 많은 일을 하며 꼭 필요하지도 않은 일에 에너지를 낭비했던가. 소중한 일과 경험, 행복을 놓치지 말자는 이야기는 중년의 또래에게 보내는 외침이면서 동시에 내 스스로에게 되뇌는 다짐이기도 하다.

지식은 쉽게 얻을 수 있으나 지혜는 깊게 생각하고 성찰해야 얻어지는 법. 이 책에 지혜는 담지 못했지만, 지혜로운 삶의 길에 다가갈 수 있는 인생 후반전의 화두를 담으려고 노력했다. 이 책이 미약하나마 많은 중년들에게 보다 멋진 내일을 위한 성찰의 계기, 변화의 이유가 될 수 있다면 『50⁺ 인생 후반전』을 내놓은 부끄러움을 덜 수 있을 것 같다. 지혜롭기 위해 노력하는 중년이라면 남은 인생도 잘 달릴 수 있을 것이다.

1부 삶의 바퀴 굴리기

흔들리는 삶 속에서 그저 떠밀려 가지 않기 위한 지향에 관하여

2부   먹고사는 문제는 계속된다

세상에서 쫓겨났을 때가 나의 세상을 만들 수 있는 때였다

3부　느슨한 행복, 적당한 삶

치우침 없이 조화로운, 넘침 없이 적당한 인생 후반전을 위해

흔들리는 삶 속에서 그저 떠밀려 가지 않기 위한 지향에 관하여

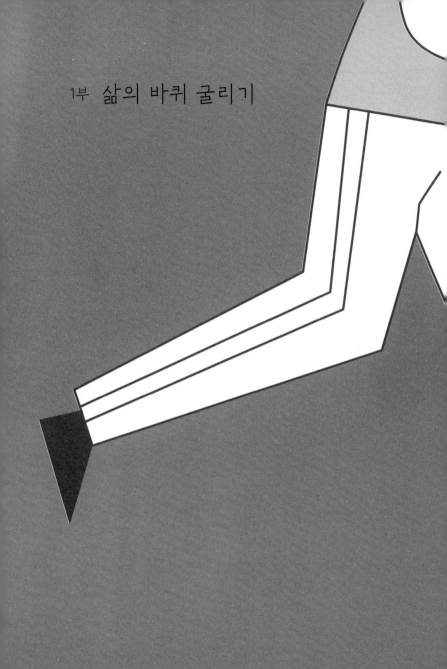

1부 삶의 바퀴 굴리기

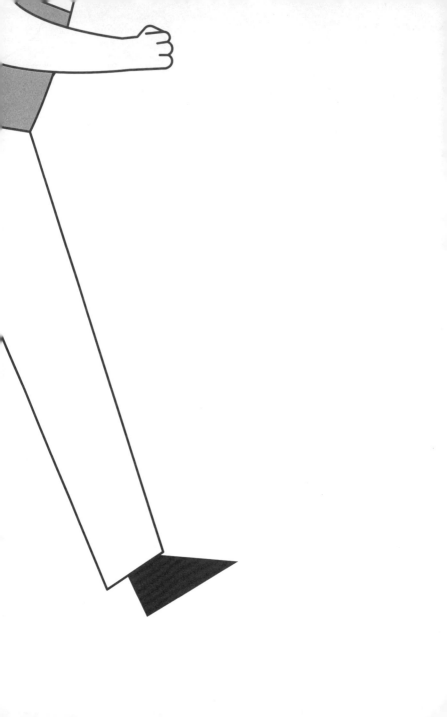

당신의 나머지 50년,
어떻게 살 것인가

꽤 자주 세상의 속도를 생각한다. 세상도, 그 속의 우리
도 언제나 참 바쁘다. 특히 빨리빨리 문화에 익숙한 한국 사
회에서라면 더 그렇다. 급한 일을 먼저 하는 데 익숙하다. 바
쁜 일과 급한 일은 언제나 있다. 소중한 일도 언제나 있다.
그런데 습관적으로 급하고 바쁜 일을 먼저 처리하면서 소중
한 일은 뒤로 미루게 된다. 그렇게 정작 소중한 일을 놓치고
만 하루하루가 쌓여 어느새 세월은 훌쩍 흘러가 있다. 그렇
게 50대의 문턱에 다다르면 남는 것은 이유를 알 수 없는 헛
헛함과 후회일 확률이 높다.

내 또래의 중년들을 보면 자녀는 어느새 성인이 되어 있고, 회사에서는 밀려나는 나이가 되어 있다. 대기업에서 많은 월급을 받으며 근무하는 친구들도 있지만 대부분 벌써 직장 생활을 마감했거나 언제 그만두게 될지 모르는 처지이다. 가정에서의 입지도 시원치 않다. 아이들은 아빠를 불편해하는 듯하고, 인생의 동반자인 아내와의 관계도 예전 같지 않은 경우가 많다. 한 곳 두 곳 아픈 곳은 늘어 가고, 몸과 마음을 편히 쉴 집에서조차 힘 빠지고 소외된 존재가 되어 눈치를 보기도 한다. 특별한 취미도 없고 친구도 별로 없다. 청춘을 바쳐 열심히 살았건만 손에 남은 것은 없다. 노후 준비는 말할 것도 없고 주머니에 여윳돈도 없다. 도대체 무슨 일이 벌어진 것일까? 그저 열심히 바쁘게 최선을 다해 살아 왔는데 말이다.

눈 가린 경주마처럼 앞만 보며 달리는 일을 멈춰야 하는 건 이 때문이다. 옆도 보고, 뒤도 돌아보며 소중한 일을 먼저 해야 한다. 바쁘고 급한 일을 핑계로 뒤로 미루기만 했던 소중한 일을 내 삶의 우선순위에 놓아야 한다. 소중한 일들이 주는 기쁨은 대부분 어느 날 갑자기 생기는 것이 아니라 차곡차곡 쌓은 행동과 노력 끝에 따른다. 먼저 나에게 소중한 것이 무엇인지 알아야 하고, 지금 소중한 것을 위해 몸과 마음을 다해야 한다.

나는 여러 가지 일을 하는 사람이다. 다양한 비즈니스를 한다는 뜻이 아니다. 살면서 요구되는 여러 가지 일을 하며 살고 있다는 의미이다. 중년 남성인 나에게 요구되는 일은 다양하고 많다. 가장 중요한 가족 관계부터 보자면 부부 관계가 있고 자녀들과의 관계가 있다. 부모님, 형제들, 그리고 처가의 장인어른과 장모님, 처형과 동서들 등 가족 관계만도 복잡하다. 내 삶의 소중한 기초인 회사의 일도 중요하다. 가족과 보내는 시간보다 직원들과 보내는 시간이 많고, 회사에서 일을 하며 보내는 시간이 절대적이기 때문이다. 거래처와의 관계도 있다. 그뿐이랴. 친구와의 관계, 여러 커뮤니티 활동을 하며 이어진 관계도 있다.

이렇게 다양한 관계를 언급한 이유는 나는 이런 관계들 속에서 존재하기 때문이다. 삶은 둥근 수레바퀴와 같아서 어느 한쪽이 굵거나 치우치면 조화로울 수 없다. 가족 관계에 집중해야 할 때에 회사 일에만 신경을 쓰거나 회사 일에 집중해야 할 중요한 시기에 동호회 활동에 몰두한다면 정상

소중한 일들이 주는 기쁨은
어느 날 갑자기 생기는 것이 아니라
차곡차곡 쌓은 행동과
노력 끝에 따른다.

적인 생활이 가능할 수 없다. 자녀가 사춘기에 방황하며 어려운 시기를 보내고 있다면 자녀에게 집중해야 할 시기이고, 아내가 갱년기로 고생하고 있다면 아내에게 집중해야 한다. 사업 환경의 변화로 회사에 어려움이 있는데 사장이 골프나 치러 다니거나 자녀가 방황하는데 집안일을 나 몰라라 하며 회사 일을 핑계로 술이나 마시고 다닌다면 과연 어떻게 될까?

관계에서 빚어지는 일만 있는 것은 아니다. 때로 지인들은 나에게 '너는 언제 이런 것을 다 하냐?'고 질문한다. 나는 책을 읽고 블로그에 리뷰를 쓰고, 자주 영화나 공연을 관람한다. 중년 남성이 매주 한 권씩 600권이 넘는 책의 리뷰를 써 왔다는 것은 드문 일일 것이다. 매일 빼놓지 않고 운동을 하고, 주말에 마라톤을 한 지는 햇수로 19년째다. 100번 넘게 헌혈을 했고, 가족들과도 많은 시간을 보내며 친구들도 만난다. 모임도 많은데 400만 명이 넘게 방문한 블로그도 매일 업데이트하며 운영하고 있다. 원고를 쓰고 있는 지금은 1년 중에서 가장 바쁜 시기인데, 아마도 책이 출판되면 사람들은 언제 책을 썼냐고 물을 것이다.

내가 잘났다는 이야기를 하는 것이 아니다. 하나씩 따져 보면 당장 하지 않아도 되는 일들이다. 헌혈을 하지 않는다고 나에게 뭐라고 할 사람은 아무도 없다. 그러나 헌혈의 중요성을 절감하고 있기에 애써 헌혈이 가능한 몸 상태를 유지하고, 시간을 내서 헌혈을 하고 있다. 소중한 일이라고 생각하기 때문이다. 19년째 유지하는 마라톤 동호회의 활동도 마찬가지이다. 일요일에 늦잠을 자는 것은 자연스러운 일이지만 적금을 드는 것보다 운동을 하는 것이 중요하다고 생각하기에 매주 일요일 새벽에 일어나 한강에 모여 6시부터 달리는 것이다. 블로그 운영도 하거나 말거나 상관이 없다. 블로그를 운영하는 사람이 몇 명이나 되고, 매일 업데이트하며 정성껏 운영하는 사람은 또 얼마나 될까? 하지만 블로그가 준 소중한 경험을 알기에 다른 일에 우선해서 블로그에 글을 쓴다. 책을 읽는 것도 같은 맥락이다.

헌혈이나 블로그 운영, 독서, 운동 모두 바쁘고 급한 일부터 하느라 하루나 한두 번 빼먹는다고 문제가 되는 일은 아니다. 무언가 당장 달라지거나 누군가에게 쓴소리를 듣는 것도 아니다. 그러나 그렇게 미뤄도 된다고 생각하는 마음이 들기 시작하면 절대로 계속할 수 없는 일들이다.

삶에 지향이 없으면 그저 떠밀려 간다. 눈앞의 급한 일
만 좇다 문득 돌아본 나의 삶이 소중한 것은 잃은 삶임
을 깨닫는 일은 없었으면 좋겠다.

그러려면 모두가 지금, 진정으로 나에게 소중한 것을 찾
아야 하지 않을까?

늘 바쁘고 여유 없다면
시간 관리부터 다시 하라

　　나의 하루는 그다지 바쁘거나 분주하지 않다. 내가 굳이 남들이 하지 않는 일까지 하며 꽤나 바쁘게 사는 사람이라고 생각하는 사람들은 의아해할지도 모르겠지만. 그저 조금 다른 생활 습관을 가지고 있을 뿐이다.

　　나는 저녁 10시 전에 비교적 일찍 잠에 든다. 특별히 일찍 자려고 잠을 청하는 것이 아니라 그저 잠이 쏟아져서 자는 것이다. 9시만 넘으면 눈을 뜨고 있기 어려울 정도다. 약속이 있는 날은 훨씬 늦은 시간까지 사람들을 만나고 술자리를 갖기도 하지만 그렇지 않은 날이 더 많다. 그렇게 일찍

자면 일찍 일어나는 게 자연스럽다. 나의 알람 시계는 새벽 4시와 5시에 두 번 울린다. 늦게 자는 사람에게 4시는 일어나기 힘든 시간이겠지만, 나는 알람이 울리기 전에 깨는 경우가 많다. 첫 번째 알람은 나의 몸과 정신을 깨우기 위해 울린다. 그렇다고 일어나서 대단한 일을 하는 것은 아니다. 침대에서 뒹굴뒹굴하며 나른함을 즐기기도 하고 꼼지락꼼지락 가벼운 스트레칭을 하기도 한다. 텔레비전 뉴스나 신문을 보지 않기 때문에 즐겨 듣는 팟캐스트를 습관처럼 켜두고 고요한 아침을 즐긴다. 두 번째 알람이 울리는 5시부터 본격적인 하루가 시작된다. 자리를 털고 일어나 손발을 주무르고, 배를 마사지하고, 관절을 부드럽게 예열하며 몸을 움직인 후 간단히 집안 청소를 한다.

　건강에 좋은 것을 먹는 것보다 나쁜 것을 먹지 않거나 하지 않는 게 더 중요하다고 생각하는 나는 영양제나 건강 보조 식품을 챙겨 먹지는 않는다. 유일하게 아침 빈속에 간단한 건강 음료를 마시는 정도만 한다. 이때 아내의 것도 챙겨 놓는다. 재밌는 것은 아내는 그 음료를 마시지 않는다는 것이다. 마시지는 않지만 존중받는 느낌이 든다며 자기 것도 챙겨 달라고 해서 챙겨 놓는 습관이 생겼다. 매일 아침 나는 꺼내 놓고 아내는 보관함에 다시 넣는 비합리적인, 그러나 의미 없지 않은 일을 하는 것이다.

이제 5시 45분부터 입장이 가능한 스포츠 센터에 갈 차례. 헬스를 오래 한 몸으로 보이지 않지만 헬스를 한 지도 벌써 20년이 넘었다. 적당한 무게의 기구 운동과 러닝 머신 달리기, 스트레칭 위주로 75분 정도 운동을 한 후 목욕을 하며 편안한 시간을 갖는다. 집으로 돌아오면 대략 7시 25분. 아침으로는 두부 4분의 3모 정도를 먹는다. 현대의 우리는 탄수화물을 지나치게 많이 먹고 있다. 나 역시 다르지 않아 이러한 생활 습관을 버리고자 밥 대신 두부로 아침 식사를 하는 것이다.

8시에는 어머니께 전화를 드리고 출근을 한다. 아버지께서 작고하시고 난 후 생긴 작은 변화다. 매일 아침 출근할 때 큰돈을 쓰는데, 아내에게 거의 매일 '천만 원'을 준다. 천 원권과 만 원권 한 장씩. 남들에게는 만천 원이지만 우리 부부는 천만 원으로 부르며 소소한 재미를 즐긴다. 나의 출근길을 배웅한답시고 따라나선 아내는 천만 원 중에서 천 원으로 캔 커피를 사고, 집으로 돌아가서는 만 원의 행복을 즐기는 듯하다.

회사에 도착하면 가장 먼저 하는 일은 가까운 커피 전문점으로 가는 것이다. 텀블러에 커피를 받아 마시는데, 바쁘거나 정리할 일이 있으면 카페에 잠시 앉아 다이어리를 뒤적거리거나 휴대폰을 보고, 때로 책을 읽기도 하지만 길게 머무르지는 않는 편이다. 출근 시간에 맞추어 사무실에 들어가서는 여느 사람과 다름없이 업무를 보고, 블로그도 한다. 나의 블로그는 개인적인 것이기도 하지만, 방문자에게 ㈜인다디에스라는 회사를 소개하고, 제품을 알리는 창구의 역할을 하기 때문이다. 오전 업무가 끝나면 직원들과 점심 식사를 하러 간다. 조금이라도 늦은 시간에 가면 자리가 없거나 줄을 서는 경우가 많아 점심시간을 11시 30분부터 1시까지로 정하고 있다.

식사를 마치면 산책을 한다. 식후 산책은 나의 오랜 취미 중 하나다. 요즘은 어싱(earthing)이라고 불리는 맨발 걷기를 즐긴다. 사정에 따라 약간의 차이가 있기는 하지만 대체로 인근 한강 공원 내의 흙길을 40~50분 정도 걷는 편이다. 사무실에 돌아오면 90분의 여유 있는 점심시간을 보낸 직원들이 오후 일과를 시작하고 있다. 점심 산책은 취미이기도 하지만 직원들에 대한 작은 배려이기도 하다. 점심시간에 사장이 회사에 있으면 아무래도 덜 편할 것이라는 생각에 가급적 1시까지는 사무실에 돌아오지 않는 것이다.

별일이 없으면 퇴근은 4시 반 전후에 한다. 이때까지의 시간은 거의 매일 비슷하다. 점심 약속이나 외부 일정이 있는 경우가 아니면 달라지지 않기 때문이다. 이른 시간에 저녁을 먹고, 설거지를 하고 난 후 산책을 하거나 자유로운 시간을 갖는다. 산책하기 좋은 계절에는 오래 산책하고, 궂은 날이나 춥고 더운 때에는 집에서 주로 책을 읽는다. 아내와 도서관이나 카페에 가는 경우도 많다. 함께 공연을 보고 영화 관람을 하는 문화생활도 자주 하려고 노력하는 편이다.

코로나19가 유행하며 외출해서 하는 운동이나 문화생활 등을 크게 줄일 수밖에 없었지만 큰 변수가 없는 나의 하루 풍경은 이렇다. 따지고 보면 누구나가 하는 일들이 더 많다. 나는 이러한 일상의 안온함이 좋다. 매일 새로운 일이 벌어지기를 기대하는 것은 어린 시절에나 어울리는 일이다. 익숙한 일상을 여유롭게 살아 내는 것이 나이 들어가는 사람들이 할 일이 아닐까?

누군가는 그런 일상의 안온함이 시간적, 금전적인 여유

에서 비롯되는 것 아니냐고 물을지도 모른다. 맞기도, 틀리기도 하다. 나는 되묻고 싶다. 무언가에 쫓기듯 분주하고 번잡한 마음을, 반대로 시간이 가는 대로, 사정이 되는 대로 생활하는 것을 얼마나 경계하고 있냐고. 50대에게도 바쁜 일은 일어나고, 100세가 되어도 삶의 고민은 계속될 것이다. 바쁜 일이 있다고 스트레스를 받으며 마음으로만 바쁠 것이 아니라 주어진 시간을 최대한 활용하고, 짬을 내어 효율적으로 해결하면 된다. 어려운 일을 만나면 머리를 싸매고 고민만 할 것이 아니라 합리적으로 판단한 후 용기 있게 단념할 것은 단념하고, 실행할 것은 실행하면 되는 일이다.

스스로를 바쁘고, 여유가 없고, 스트레스가 많은 사람으로 만드는 상당 부분은 자기 자신이다.

내 인생에 한 번쯤은
의문을 던져 보라

최근 지인으로부터 내 인생의 전환점이 무엇이었느냐는 질문을 받았다. 쉽게 대답하기 어려운 질문이었다. 50대 중반의 나이는 여러 변곡점을 거치지 않고는 도달할 수 없는 나이다. 나도 그랬다. 대학에 들어간 것, 발리에서 직장 생활을 시작한 것, 결혼, IMF 외환 위기로 인한 실직, 창업, 법인 전환 등 이후 나의 모습을 달라지게 한 여러 가지 사건들이 있었다. 모두 애면글면 오랜 시간 이야기를 늘어놓을 수 있는 큰일들이었음에도 그중에 하나를 쉽게 대답할 수 없었다. 의식하지 못했지만 다른 중요한 무언가가 있는 듯했다. 정말로 내 삶을 바꾼, 모든 사건을 관통하는 그 무언

가. 그건 대학 신입생 때 일어났다.

나는 어머니 배 속에서부터 종교를 가지고 있었던 모태 신앙인이었다. 당연히 종교적인 분위기의 가정에서 자랐고, 대학에 들어갈 때까지 독실한 종교인의 모습으로 살았다. 그런데 대학에 들어가 다양한 책을 읽으며 학우들과 토론을 하다 보니 자연스럽고 당연하다고 생각했던 세상의 많은 것에 대해 의문을 품게 되었다. 종교도 예외는 아니었다. 물론 나는 종교를 믿는 것은 값진 일이라고 생각하고, 종교인들을 존중한다. 다만 나의 경우는 내가 가진 종교에 대한 의문에 답을 찾지 못했고, 결국 회의하며 신을 부정하게 되었다.

20여 년간 믿었던 종교를 버린다는 것은 정체성의 혼란을 겪었다는 의미이며, 그럼으로써 이전과는 다른 사람이 되었다는 의미이기도 하다. 이것은 나에게 마치 '마침내 인간이 걷게 되었다.'와 같은 변화를 안겨 준 대단히 큰 전환점의 표식이었다. 초, 중, 고등학교 시절의 나는 교실의 한 자리를 채우고 앉아 있는 그저 조용하고 색깔 없는 아이였다. 특별한 생각도 없었고 질문도 없었다. 대학도 남들이 가니까 당연히 가는 것으로 알고 진학했을 정도로 생각 없이 살

왔다. 대학에 들어가서 친구를 사귀고, 책을 읽고, 토론을 하면서야 진정한 생각이라는 것을 하게 되었고, 모든 것을 두고 진지하게 질문하게 되었다. '왜?'라고 질문하기 시작하면서 제2의 삶도 시작된 것이다.

'왜 나라를 지키라고 쥐어 준 총칼과 장갑차로 무고한 시민들을 학살한 쿠데타 군인이 대통령을 하고 있지?', '대학은 왜 대학인가? 무엇을 배우는 곳이란 말인가?' 등 나는 여러 질문을 통해 가치관을 정립할 수 있었다. 뜻을 함께하는 좋은 친구들을 사귈 수 있었으며, 그들과 함께 행동함으로써 대학 생활 전체가 바뀌었다. 이전의 나와 완전히 다른 사람이 되었던 것 같다. 지나고 나서 느낀 것이지만 인생에서 자신이 서 있는 자리를 바꾸는 대단한 결정이 작은 질문에서부터 시작되었던 것이다.

지금도 여전히 '왜'라고 묻는 문제의식이 나의 삶을 조금씩 바꾸고 있다.

나는 '왜 고기를 먹어야 하지, 고기를 먹지 않는 사람들도 많은데?'라는 생각을 하고 그 질문에 답을 찾다가 1년 가까이 해산물만 허용하는 채식을 한 적이 있다. 질문을 하지 않았다면 하지 않았을 선택이었다. 단식의 경우도 마찬가지다. '평생을 매일 세끼 식사를 하며 살았는데 왜 꼭 그래야 하는가? 속이 불편하면 밥을 굶을 수 있고, 긴 단식을 할 수도 있는 것이 아닐까?'라는 생각에 나는 매년 단식의 기간을 갖는다.

요즘 '세상에 당연한 일이 있을까?'라는 내용의 광고를 보았다. 이런 문제의식을 갖는 것은 중요하다. 20대도, 30대도 아니고 50대가 세상만사에 그렇게 날을 세울 필요가 있냐고? 있다. 인생에 변곡점을 만드는 물음표는 50대뿐 아니라 자성(自省)하는 인간이라면 마땅히 가져야 할 덕목이기 때문에. 문제의식을 품고 질문을 던져야 어떻게 할 것인지 방법을 찾게 되고, 어떻게 살 것인지에 대한 답을 찾게 된다. 가끔 아내와 '우리 잘 살고 있는 걸까?'라는 질문을 주고받는다. 나는 지금 잘 살고 있는가? 회사는 잘 돌아가고 있는가? 오늘도 나는 묻는다.

인생은 기록한 만큼
선명해진다

내가 처음 블로그를 시작한 건 30대 때였다. 당시에는 싸이월드가 유행하고 있었다. 나는 새롭게 시작한 인터넷 쇼핑몰과는 별개로 운영자의 인간적인 면을 보여 주어 고객들의 신뢰감을 높이는 온라인 창구를 만들어야겠다는 생각이 있었다. 우후죽순처럼 생겨나는 온라인 쇼핑몰들과 경쟁하기 위해서는 차별화된 무언가가 필요했기 때문이다. 싸이월드를 활용해야 하나 망설이던 내게 인다의 온라인 쇼핑몰을 설계했던 후배가 블로그를 소개하며 '블로그를 하시죠!' 라고 거의 결정까지 해 준 덕분에 네이버의 블로그를 운영하게 되었다.

결과적인 얘기지만 네이버 블로그를 선택한 것은 신의 한 수였다. 블로그를 통해 네이버의 검색 파워를 유감없이 활용할 수 있었기 때문이다. 내가 쓴 글이 검색 결과 상위에 노출되고, 많은 사람들이 내 글을 읽고 뭔가를 할 수 있다는 것은 일종의 힘을 갖게 되는 일이 분명했다. 그 때문에 여러 부작용이 생기기는 하지만, 그럼에도 불구하고 블로그가 가지고 있는 순기능은 말로 설명하기 어려울 만큼 크고 많다.

예를 들자면 이런 것이다. 인다는 헤어 액세서리 무상 수리를 받기 위해 오프라인 매장을 찾는 고객들이 많았는데, 블로그가 이 고객들이 인다를 찾을 수 있는 통로가 되어 주었다. 나는 500건이 넘는 액세서리 수선 사례를 블로그에 올려서 액세서리가 수선 가능한 물건이라는 것을 알렸다. 꼭 고치고 싶은 액세서리가 있는데 주변에 고쳐 주는 곳이 없어 인터넷 검색까지 이른 많은 사람들이 블로그를 통해 인다를 알고 매장을 찾아오거나 택배를 통해 수선이 필요한 액세서리를 보내왔다. 그중에는 눈물 나는 사연이 담긴 액세서리도 있었고, 즐거웠던 추억이 담긴 소중한 액세서리도 있었는데, 그런 액세서리를 수선하는 것은 나에게도 뜻깊은 일이었다. 블로그가 아니었다면 가능하지 않았을 일이다.

　블로그가 인연의 발판이 된 경험도 있다. 친구들과 연락이 끊긴 친구가 검색을 통해 우연히 내 글을 읽고 연락을 해 동창회에 나오기도 했으며, 취미인 마라톤에 관해 쓴 글을 읽고 동호회에 가입한 회원들도 꽤 많았다. 그러고 보면 블로그는 마치 도깨비방망이처럼 전혀 예상치 못했던 선물을 주는 듯하다.

　상업적인 이유로 시작했지만 하다 보니 블로그를 운영한다는 것은 대단히 매력적인 일이었다. 내가 원하는 글을 마음대로 쓸 수 있고, 보여 주고 싶은 것을 마음껏 보여 줄 수 있는 공간이라는 점이 나를 신나게 했다. 그렇게 지난 16년을 꽉 채워 블로그를 운영하면서 기꺼운 마음으로 거의 매일 글을 올렸다. 누군가는 SNS를 하는 것이 인생의 낭비라고 했지만 내 생각은 다르다.

**　50대인 나에게 이렇게 쌓인 글은 기억의 창고가 되어 언제든 꺼내 볼 수 있으며, 타인과 소통하며 나와 세상을 연결하는 소중한 창이 되어 주었다.**

나는 2개의 블로그를 가지고 있는데, 하나는 2004년부터 11년간 운영하며 블로그 시즌 1이라 이름 붙인 블로그이고, 다른 하나는 2014년 말부터 운영하고 있는 블로그 시즌 2이다. 지난 16년간 내 블로그에는 400만 명이 넘는 많은 사람이 다녀갔다. 개인 블로그에 400만 명이 넘는 사람이 다녀가는 것이 흔한 일은 아니라 나를 보고 파워 블로거 아니냐고 이야기하는 사람도 종종 있을 정도다. 파워 블로거의 기준은 잘 모르겠다. 나는 그저 오랜 기간 성실하게 블로그를 운영한 사람일 뿐이다. 단기간에 어떤 성과를 내기 위한 속내가 훤히 드러나 보이는 블로그가 아니라 꾸준히 진정성 있는 콘텐츠를 올리기 위해 노력했기 때문에 그만큼 많은 분들이 다녀갔던 것 같다. 더 오래 운영한 블로그 시즌 1만 보자면, 11년간 쓴 공개 글이 5,113개인데, 주말 빼고 매일 글을 하나씩 올린 셈이다. 비공개 포스팅까지 포함하면 17,000개가 넘는 글과 사진이 보관되어 있다. 하기 싫은데 억지로 했다면 절대 가능하지 않을 숫자다.

블로그를 통해 아이들이 성장하는 모습, 내가 경험한 소소한 일상들을 기록하고 이웃들과 소통하며 나는 성장했다. 매일 글을 쓰고 이웃들의 글을 읽으며 나의 생각을 정리했고, 사람들의 관심사와 살아가는 모습을 알 수 있게 되었다. 블로그가 아니었으면『머리핀 장사에 돈 있다』와 같은 책을 출판할 수도, 대기업을 무대로 하는 강의도 하지 못했을 것이니 블로그는 내 인생을 깊고 풍성하게 만든 도구가 아닐 수 없다.

자부심을 가져라.
당신은 '스페셜리스트'다

2005년 10월 27일 〈경향신문〉 주말판 매거진X에 대문짝만하게 나의 기사가 실렸다. 제목은 '머리핀에 감이 꽂힌 남자 이은영!'이었다.

지금은 종이 신문을 거의 읽지 않지만 15년 전인 2005년만 해도 신문을 구독하는 일이 흔했다. 나는 경향신문을 구독하고 있었는데, 경향신문에는 매거진X라는 주말판이 있었다. 가볍고 부담 없이 읽을 수 있는 기사가 많아 즐겨 읽었는데, 하루는 매거진X의 '성공'이라는 고정란에 실린 기사에 눈길이 갔다. 자기가 하는 일에서 크고 작은 성공을 거둔 사람들의 이야기를 전하는 지면이었다. 소개된 사람들의 이야기는 흥미로웠고, 배울 점도 많아서 빼놓지 않고 꼼꼼하게 읽곤 했는데 그날따라 과일 장사를 하는 사람의 이야기가 실린 것을 읽고 의아한 생각이 들었다. 내가 보기에 좋은 과일을 싸게, 요령껏 잘 판다는 내용의 기사가 특별해 보이지는 않았기 때문이다. 그런데도 광고인지 기사인지 모를 만큼 과일 장수를 멋지게 소개하다니.

문득 '나도 이런 기사의 주인공이 될 수 있지 않을까?'라는 생각이 들었다. 내가 걸어온 길도 흔한 스토리는 아니고, 머리핀을 파는 남자의 이야기라면 독자들도 흥미를 가지지 않을까 싶었던 것이다. 나는 해당 기사를 쓴 기자가 그동안 쓴 기사를 찾아 읽으면서 그 기자가 어떤 스토리를 좋아할지, 어떤 취향을 가졌는지 파악하기 시작했다. 연구라고 할 것까지는 없지만 그만큼 세심하게 담당 기자의 글을 읽었다. 그리고 그의 관심을 끌 수 있도록 나의 이야기를 요점 정리하여 이메일로 보냈다. 그것도 모자라 담당 기자에게 전화까지 걸어 이메일을 보낸 사실을 알린 뒤 무작정 전화를 기다렸다.

나는 흔한 패턴의 사람은 아니라는 이야기를 듣는 편

이다. 하기야 누가 신문을 보다가 자기 이야기를 요점 정리해서 기사를 내달라고 기자에게 이메일을 보내겠는가? 신문에 자신의 기사가 실린다고 해서 뭐가 얼마나 달라진다고 공부까지 해 가며 자신의 이야기를 정리하겠는가? 이메일을 보낸 그날 오후에 전화를 준 담당 기자 역시 기자 생활 수십 년 만에 나 같은 사람은 처음 본다고 말했다. 내용을 너무 재미있고 즐겁게 읽었으니 인터뷰를 했으면 한다고 전하면서.

나는 날아갈 듯한 기분이었다. 신문에 기사가 실리는 사람들은 대부분 나와는 다른 특별한 사람들이라는 생각을 하고 있었는데, 내가 신문 기사의 주인공이 된다고 생각하니 무척 색다른 느낌이었다. 며칠 후 기자의 1차 방문이 있었고, 두 번째 만남에서는 정식으로 인터뷰를 진행했다. 사진 기자도 동행하여 재미있는 사진을 찍고 많은 질문에 답을 했다.

이 신문 기사가 나간 뒤 나는 매거진X 수백 부를 구입해서 남대문 시장의 도매 상가 거래처들과 지인들에게 나눠 주었다. 온라인상으로 홍보를 하는 것과 신문 지면을 통해 기사화된 것을 알리는 것은 차원이 달랐다. 나를 바라보는 주변의 시선이 달라진 것을 느낄 수 있었기 때문이다. 물론 내가 유명 인사가 되었다는 말은 아니다. 단지 좋은 매체를 통해 나의 진솔한 모습을 있는 그대로 보여 준 것이 큰 도움이 되었다는 뜻이다.

흔히 기회는 앉아서 기다리기보다 적극적으로 찾아 나설 때 비로소 나의 것이 된다고 한다. 그런데 이 말에는 중요한 전제 조건 하나가 빠져 있다. 기회가 먼저가 아니라 내가 나를 인정하고 존중하는 마음을 갖는 것이 먼저라는 것. 힘 빠지고 축 처진 중년에게 말하고 싶다.

어떤 부분에서든 어떤 모양으로든 각자의 인생에는 특별한 성과가 있다. 그것을 찾고 인정할 때 기회도 보이고, 찾아 나설 동력도 생긴다.

내가 내 자신을 인정하고 존중하는 마음은 겸양의 반대말이 아니다. 그러니 자부심을 가지자. 모두 주인공이 될 자격이 충분하다. 50대인 우리라면 특히.

기뻐하자.
우리 모두, 인생에
작은 성공 하나쯤은 이뤘다.

인연은 꼬리를 물고
또 다른 인연을 부르는 법

사람들은 많은 관계를 맺으며 살아간다. 태어나서 죽는 순간까지 우리는 수없이 많은 관계 속에서 인연을 맺고, 그 인연과의 관계 속에서 살아간다. 학창 시절에 배웠던 '인간은 사회적인 동물'이라는 명제는 옳다. 누구나 머릿속에서 관념적으로 이해하고 있겠지만 돌이켜 보면 자신의 삶이 모든 이들의 삶과 이어져 있음을 절감할 것이다.

나의 삶 역시 이런 인연의 연속이었다. 의도했든 그렇지 않았든 이런 인연의 끈이 오늘의 나를 존재하게 했다. 경향신문 이야기로 다시 거슬러 가면 기자는 나와 인터뷰를 하면서 나에 대한 여러 가지, 특히 관심사를 알 수 있었던 모양이다. 기사가 나간 후에도 관계를 끊지 않고 고맙게도 자신이 활동하고 있는 한 커뮤니티를 소개했다. 책과 행복, 스피치 등의 키워드로 만나는 모임인데 참석해 보지 않겠냐는 것이었다. 사실 기사가 나가면 끝인 경우가 대부분일 텐데, 이렇게 자신이 활동하는 커뮤니티에 인터뷰이를 소개하는 일이 흔한 경우는 아닐 것이다. 제안을 선뜻 받아들인 나는 이후 인생이 크게 변화되었는데, 이 커뮤니티를 통해서 쌓은 소중한 인연과 그들과의 소통으로 얻은 경험이 변화의 시발점이자 큰 자산이 되었다.

소개받은 커뮤니티는 '행복한 별빛'이라는 이름의 모임이었다. 나는 이곳에서 다양한 사람들을 만나고 새로운 경험을 했다. 앞서 이야기했던 강의를 할 수 있었던 것도 이 커뮤니티의 스피치 트레이닝 덕분이었다고 할 수 있다. 매주 토요일 새벽에 2시간씩, 15명 정도의 커뮤니티 회원이 모여 서로 격려하며 훈련하는 프로그램이 있었다. 수줍음이 많고, 눌변인 나를 변화시키고 싶어 2년간 매주 열심히 스피치 트레이닝을 했다. 말하는 것은 근본적으로 말할 만한, 가치 있는 이야기를 전하는 스토리텔링의 문제라는 것도 여기서 알았다.

당시에 참석했던 회원들은 대체로 '크리스토퍼 리더십 코스'라는 교육 프로그램의 강사들이었다. 리더십 코스의 강사들이 자체적으로 모임을 만들어 스피치 트레이닝과 스토리텔링을 했으니 얼마나 큰 도움이 되었겠는가? 이 모임을 통해 나는 좋은 강사가 되기 위한 훈련을 제대로 받았던 셈이다. 이에 그치지 않고 크리스토퍼 리더십 코스도 수강했고, 강의가 너무 좋아서 인다의 직원들을 교대로 수강하게 하기도 했다.

그뿐이랴. 이곳에서 만난 회원의 소개로 '나눔문화'라는 시민 단체의 회원이 되었다. 봄과 가을에 열 꼭지씩 좋은 인문학 강의를 들으며 사유와 성찰의 힘을 키웠고, 여타의 회원 활동을 통해 좋은 삶에 대한 고민을 구체화할 수 있었다. 또한 이곳에서 요트 동호회의 회장인 회원을 만나 요트 동호회에 가입해서 활동하며 서울시장배 대회에 나가 470급 일반부 우승을 거두기도 했다. 흔히 요트라고 하면 미녀와 와인이 어울리는 호화 요트를 떠올리는 듯하지만 470급 요트는 이와 거리가 멀다. 2인 1조로 경기하는 대단히 격렬하고 힘든 선수용 요트로, 올림픽 경기 종목이기도 하다. 요트의 '요'자도 몰랐던 내가 나중에는 부산에서 후쿠오카까지 항해하는 '아리랑 레이스'라는 국제 대회에 참가하는 멋진 추억을 남겼다.

최근에는 크리스토퍼 리더십 코스의 강사였던 인연의 소개로 중소기업 대표들이 모여 공부하는 '글로벌 리더십 아카데미'라는 모임에 참석하게 되었다. 57개의 다양한 중소기업 대표들과 함께 공부하며 좋은 인연을 쌓고 있다. 15년 전에 맺은 인연이 고리가 되어 다시 좋은 모임을 소개받은 셈이다. 나는 이 모임의 기수 회장이 되어 또 다른 인연을 만들고 있다. 여기서의 인연이 앞으로 또 어떤 귀한 인연으로 이어질지 모를 일이다.

15년 전 경향신문에 나의 기사를 실어 달라는 이메일을 보내지 않았다면, 혹은 기자가 나를 행복한 별빛 커뮤니티에 소개하지 않았다면, 요트 동호회에 가입하지 않았다면, 나눔문화 시민 단체에 가입하지 않았다면, 크리스토퍼 리더십 코스에 나가지 않았다면, 글로벌 리더십 아카데미에 나가지 않았다면, 오늘 나의 모습은 어떤 모습일까?

인연이 인연을 만들어 지금의 내가 되었으니 남은 인생 후반전을 위해 나는 또 어떤 귀한 인연을 이으며 살아 야 할까?

50, 내 이야기 쓰기
딱 좋은 나이

2006년에 나는 『머리핀 장사에 돈 있다』라는 제목의 책을 출판했다. 인다의 창업과 성공기, 나의 인생관과 포부를 담은 책이었다. 사실 작은 액세서리 매장을 운영하는 일반인이 책을 출판한다는 것은 큰 용기가 필요한 일이다. 출판 관련 일을 하는 친구가 나의 블로그를 보면서 여러 번 책을 써 보길 권유했지만 몇 차례 고사한 것도 그래서였다. 나는 출판을 할 만한 콘텐츠나 능력을 가지고 있지 않다고 생각했다. 그런데 블로그(blog)와 책(book)의 합성어인 블룩(blook) 서적이 조금씩 활성화되는 게 느껴졌다. 때마침 인다를 소개하는 홍보용 책자 제작을 검토하고 있기도 했다. 두려움 대신 결심이 섰다. 그래, 비용을 들여 홍보 책자를 만드느니 나의 책을 만들자.

나는 비교적 실행력이 높은 편이다. 마음을 먹으면 행동으로 옮기는 경우가 많아서 자주 실패하기도 하지만 이리저리 재며 시간을 끌거나 망설이지 않는다. 돌이켜 보니 많은 시행착오를 통해 얻은 경험이 값진 지혜와 자산이 됐고, 실행력이 높다는 것은 분명한 장점으로 작용한다는 것을 알기 때문이다. 책을 출판하기로 마음먹었을 때도 그랬다. 지체 없이 출판을 제안했던 친구에게 의논했다. 그는 매우 훌륭한 북 코디네이터가 되어 주었다. 나의 콘텐츠에 바탕해 책을 기획했고, 원고를 쓸 수 있게 방향을 잡아 주었으며, 나의 어설픈 글쓰기에도 격려와 조언을 아끼지 않았다. 출판사까지 소개해 주었으니 나의 첫 책은 친구의 도움이 없었으면 세상에 나오지 못했을 것이다. 그래서 사람은 친구를 잘 사귀어야 한다. 고맙다 친구야.

원고를 쓰는 것은 어려운 일이었다. 나는 읽고 쓰는 것에 관심이 많은 사람이지만 블로그에 짧은 글을 쓰는 것과 출판용 원고를 쓰는 것은 완전히 다른 영역의 일이었다. 한

동안 머리를 싸매며 애를 먹었지만 친구와 출판사의 도움으로 원고를 완성할 수 있었다. 출판사와 계약서를 작성하고 나서 받은 계약금은 금액을 떠나 내 손에 들어왔던 돈 중에서 가장 기억에 남는 몇 가지 중 하나가 되었다. 책 제목을 정하며 고민했던 일도 기억에 남는다. 당시 나는 '핀 좀 아는 남자의 행복한 핀 이야기'라는 제목을 사용하고 싶었지만 창업을 준비하거나 그 과정을 궁금해하는 사람들에게 더 쉽게 다가갈 수 있는 제목을 짓자는 출판사의 제안에 따르게 되었다.

그렇게 완성된 『머리핀 장사에 돈 있다』는 힘들다는 출판 시장에서 초판 1쇄 2천 부를 모두 판매하고 2쇄 1천 부를 더 찍어서 절판될 때까지 13년 간 3천 부를 판매했다. 3천 명이나 되는 많은 분들이 나의 졸작을 구입하고 읽어 주셨으니 영광스러운 일이 아닐 수 없다.

책을 출판해서 엄청난 인세를 받으며 유명세를 타는 작가들도 있지만 나 같은 사람은 책을 출판하는 것만으로도 영광스러운 일이다. 내 경험에 비추어 보면 책 출판은 개인적으로 뿌듯함을 느낄 수 있는 일임과 동시에 전문가로서 인정받는 좋은 계기가 되었다. 업계의 많은 사람들이 책을 통해 나를 알게 되었고, 원래 나를 알던 이들이 나를 다르게 보는 기회가 되기도 했다. 책을 들고 사인을 받겠다며 지방에서 찾아온 사람도 있었고, 이 책을 보고 '사장'에 관한 책을 집필하던 작가가 찾아와 인터뷰를 하고 나의 이야기가 들어간 책을 출판하기도 했으니 책은 여러 가지로 나에게 새로운 경험을 안겨 주었다. 명함과 함께 책을 건네며 시작하는 비즈니스는 신뢰감을 높이며 긍정적으로 기능했고, 강의를 할 때도 강사로서의 신뢰를 높이는 역할을 했다.

나는 단언한다. 책을 통해 나의 삶이 업그레이드되었노라고. 아무리 책을 읽지 않는 시대라고 하지만 책을 읽는 것은 자랑이 될 수 있다. 하물며 책을 쓴다는 것은 더욱 큰 자랑이 될 수 있다고 생각한다. 그래서 중년인 지금도 이렇게 내 인생 두 번째 책 쓰기에 도전하고 있다.

안 된다고 생각하기만 했거나, 하겠다고 마음만 먹고 실행하지 않았다면 결코 이러한 기쁨과 호사를 누리지 못했을 것이다.

나는 단언한다.
책을 통해 나의 삶이
업그레이드되었노라고.

미래는 준비된 자의
천국이다

2006년 11월 22일, 날짜마저 내 기억에 선명하게 각인된 그날 나는 생애 첫 강의를 하게 되었다. 모교 졸업생 30여 명을 대상으로 한 강의였는데 모든 첫 경험이 그렇듯 긴장되고 떨리는 순간이었다. 강의의 제목은 '열정으로 준비하는 미래, 미래는 준비된 자의 천국입니다.'였다. 대학 시절부터 인다 신촌점을 운영하기까지의 과정을 이야기하는 자리였는데 학생들은 놀라울 만큼 뜨거운 반응을 보여 주었다.

웬 강의냐고? 인다 이대점을 운영할 때 가맹점을 내어 달라고 요청하는 사람들이 많았다. 처음에는 거절하고 운영에 전념했지만 어느 정도 궤도에 오르자 가맹점을 열어도 되겠다는 생각을 하게 되었다. 가맹점 상담을 하려면 짧은 시간에 나의 생각을 설득력 있게 전달할 수 있어야 할 터였다. 그러나 나는 말을 잘하는 사람이 아니라고 자평한다. 순발력이 있는 편도 아니었다. 그러려면 훈련이 필요하다는 데 생각이 미쳤다. 마침 스피치 트레이닝을 할 수 있는 커뮤니티를 소개받았다. 매주 토요일 새벽 6시에 15명 내외의 사람들이 모여 자발적으로 스피치 트레이닝을 했는데, 2005년 12월부터 2년간 꾸준하게 참석하며 생각을 정리하고 말을 하는 것에 관한 훈련을 할 수 있었다. 이런 훈련의 시간이 있었기 때문에 모교에서 강의를 해 달라는 요청이 왔을 때마다 하지 않고 수락할 수 있었던 것 같다.

강의가 끝난 후 나는 블로그에 첫 강의를 한 소감을 짧게 올렸는데 강의를 들었던 학생으로부터 이런 피드백을 받았다. "많은 좌절 속에 빠져 있을 때 오늘 선배님의 강연을 들었습니다. 열정을 갖고 준비하는 자. 정말 가슴에 와닿았습니다. 점점 꺼진 저의 열정에 다시 불을 지펴 주셨어요. 포기하지 말자, 꿈을 가진 자가 행복한 자다, 그리고 성공한 사람이 아닌 성공할 사람이라는 선배님의 말씀. 저도 성공할 사람이 되고 싶습니다." 나의 강의를 들은 누군가가 힘을 얻고, 생각이 바뀌고, 나아가 행동이 바뀔 수도 있겠다는 생각이 들면서 전에 몰랐던 강의의 큰 보람을 느낄 수 있었다.

블로그에 첫 강의를 끝낸 소감을 적으며 나는 '내가 오늘 첫 강의를 했는데 앞으로 삼성전자 임직원들 앞에서 강의할 날도 올 수 있다.'라는 내용을 담았었다. 모교에서 작은 강의를 한 번 했다고 굴지의 기업에서 강의를 할 수 있게 된다면 삼성전자에서 강의를 하지 못할 사람은 없을 것이다. 지금 생각하면 황당하기 그지없는데, 이런 생각을 많은 사람들이 보는 블로그에 글로 남겼던 것이다.

그런데 놀라운 일이 벌어졌다. 그 글을 쓴 후 꼭 1년 만에 삼성전자에서 강의 요청이 들어 온 것이다. 2007년 12월 22일, 삼성전자 탕정 LCD 총괄에서 2007년의 사업 성과를 평가하는 2박 3일의 사내 박람회 중 마지막 행사로 나의 강의 일정을 잡은 것이다. 400명의 수강생, 2시간의 강의, 삼성전자라는 이름이 주는 압박 등 엄청난 부담감을 갖고 '혁신경영'이라는 주제로 나의 이야기를 했다. 강의의 반응은 가히 폭발적이었다. 나중에 들은 이야기지만 당시에 유명한 강사 2명과 나까지 3명을 대상으로 강사 섭외 검토를 했었는데, 최종적으로 무명인 나를 택했다고 한다.

강의를 마친 후 쏟아져 나오던 질문들에 이렇게 많은 질문이 나왔던 강의가 없었다는 담당자의 이야기, 박수갈채를 보내던 환한 표정의 청중들, '역시'라며 만족을 표하던 섭외 관계자들, 그리고 『멘토』라는 책을 가져와 사인을 해 달라고 요청했던 직원 등 나에게도 너무 깊은 인상으로 남고 즐거운 이야깃거리를 많이 만들어 준 시간이었다. 강의를 마치고 나오니 계열사 교육 훈련 담당자들이 강사인 나와 인사를 하려고 기다리고 있었고, 명함 교환을 하고 회사에서 제공한 차량으로 귀가를 했다.

삼성전자에서 강의를 한 강사는 강의만 해도 먹고 살 수 있다는 말을 듣기도 했다. 교육 훈련 담당자들 간에 네트워크가 있을 테니 아주 터무니없는 이야기는 아닐 것이라고 생각했는데 일주일 만에 한화의 63빌딩에서 강의 요청이 들어 왔다. 63빌딩 아이맥스 영화관에서 영화만 봤던 내가 같은 자리에서 임직원 228명을 대상으로 창조 경영에 관한 강의를 했던 것이다. 이를 계기로 63빌딩 내에 인다의 제품을 판매하는 위탁 매장까지 열 수 있었다.

이후에도 다양한 형태의 강의를 진행하는 강사로 활동을 했다. 강의를 듣는 사람에게 얼마만큼의 감흥과 감동을 주었을지는 장담할 수 없지만, 어느 때고 최선을 다해 이야기를 전했다. 그래선지 강의에 관한 기억은 대부분 놀랍고도 즐거웠으며, 너무나 특별했던 것으로 남아 있다. 그러고 보면 '열정으로 준비하는 미래, 미래는 준비된 자의 천국입니다.'라는 첫 강의의 제목은 그야말로 나에게 해당되는 말이었다는 생각이 든다.

　인생 초중반의 열정과 준비는 물론 중년의 그것과 그 꼴과 농도가 다를 것이다. 그러나 내게 찾아온 의도치 않은 기회가 내 남은 인생의 결정적 순간이 될 수도 있다는 열린 마음은 놓치지 말아야 하지 않을까.

나 눔	

왜 헌혈을 하느냐고
물으신다면

2002년에 한 정치인의 팬클럽에 가입을 했다. 30대 중반의 나이는 누군가의 팬클럽에 가입하기에는 많은 나이이다. 사는 것도 바쁜데, 팬클럽에 가입해서 팬심(fan心)을 가지고 활동한다는 것이 당시만 해도 흔한 일은 아니었다. 정치 이야기를 하려는 것은 아니고, 이 팬클럽 모임에 처음 나갔을 때의 이야기를 하려고 한다.

회원들은 서로 잘 알지는 못해도, 같은 팬심을 가진 사람들이라 모임은 화기애애한 분위기였다. 술자리와 함께 이어진 2부에는 대한 적십자사 혈액 관리 본부 관계자의 강의 시간이 마련되어 있었다. 헌혈과 장기 기증에 관한 이야기를 들었는데 나는 그때까지 한 번도 헌혈을 해 본 적이 없었다. 이토록 값어치 있는 일에 대해 별생각 없이 살아온 내가 부끄러웠다. 그래서 이틀 후 내 생애 첫 헌혈을 했다. 강의를 들은 다음날 바로 하지 않은 이유는 전날의 술기운이 몸에 남아 있을 것 같아서였다. 헌혈은 좋은 피를 나누는 일인데 술기운이 있는 피를 나눠 줄 수는 없다는 생각이 들었기 때문이다.

이 글을 쓰고 있는 지금까지 나는 100번이 훌쩍 넘게 헌혈을 했다. 대략 1년에 6번 정도의 헌혈을 한 듯하다. 나도 내가 이렇게 꾸준하게 헌혈을 할 수 있을 것이라는 생각을 하지 못했다. 우연찮게 듣게 된 강의가 나를 꾸준한 헌혈의 길로 이끌었을 뿐이다.

특별한 이유도 없이 오랜 시간 동안 꾸준하게 헌혈을 하고 있다는 사실을 알고 주위 사람들은 놀라운 시선으로 나를 바라본다. 걱정스러운 표정으로 우려 섞인 조언을 하는 지인도 있다. 공식적으로 헌혈을 해도 문제가 없다고 하지만 사실은 그렇지 않을지도 모른다거나, 설령 문제는 없을지라도 좋지도 않을 것이라는 생각을 가진 듯하다. 그런데 그토록 오래 헌혈을 했어도 내 몸에는 아무 이상이 없다. 헌혈 후 일시적인 부작용을 느끼는 사람들도 종종 있지만 나는 다행히 특별한 증세를 느껴 본 적이 없다. 그러니 헌혈이 몸에 좋지 않을 수도 있다는 선입견은 갖지 않는 것이 좋을 것 같다.

위독한 부모님을 둔 자식이 손가락을 깨물어 피를 내서 부모님을 먹이고 살렸다는 내용의 동화를 읽은 기억이 있다. 한 가지 이야기가 아니라 비슷한 종류의 이야기가 여러 편 전해지는 것 같다. 내용은 정확하지 않지만 자신의 피로 타인을 살리고 행복하게 살았다는 이야기인데, 오늘날의 헌혈이 바로 이렇게 생명을 살리는 일이 아닐까? 지금도 누군가는 수혈이 필요하고, 혈액을 원료로 제조한 의약품인 혈액 제제의 도움이 절실하다. 혈액 제제용 혈액을 일부 수입하고 있다고는 하지만 수혈용 혈액은 수입도 되지 않는다. 우리 대한민국은 기증자보다 수요자가 더 많아 혈액 공급에 어려움을 겪는 나라다. 더구나 혈소판은 5일 정도밖에 보관할 수 없어서 여유 있는 재고 확보가 어렵다고 한다. 적혈구도 35일 정도만 보관이 가능하다고 하니 귀한 나눔으로 생명을 살리는 헌혈은 특별한 이벤트가 아니라 친근한 일상이 되어야 할 일이다.

작고한 부친만 해도 말년에 혈소판 감소증이라는 병을 앓아 치료 과정 중 여러 차례 혈소판 수혈이 필요했다. 위급한 상황임에도 혈소판 혈액이 부족해 반나절 이상을 기다리다 수혈한 경우도 있었다. 만약 혈액이 없어서 수혈하지 못했다면……. 상상만으로도 끔찍한 일이 아닐 수 없다.

헌혈은 이타적인 이유에서만 하는 것이 아니라 나의 건강을 지키는 방법이기도 하다. 내가 해 온 헌혈의 절반 이상은 혈소판과 혈장을 동시에 헌혈하는 '다종 성분 헌혈'이라는 것이다. 이 헌혈은 시간도 오래 걸리고, 기증자의 자격을 보다 엄격하게 제한한다. 혈압이나 철분 등 여러 수치들이 정상 범위에 있어야 하고, 해외여행을 다녀온 지 한 달이 넘어야 한다. 말라리아 위험 지역에서 숙박을 해도 안 되고, 특정한 약품을 사용하거나 특정한 국가에 거주한 이력 때문에 제한받기도 한다. 전날 먹은 음식이나 직전에 먹은 음식도 확인할 정도로 엄격한 데다 헌혈 후 10여 가지 항목에 대한 검사 결과까지 통보해 주니 헌혈이 주치의 노릇을 톡톡히

하는 셈이다.

나에게는 헌혈이 건강한 몸과 정신을 유지하는 동력이
자 나의 건강을 나누는 즐거움이다.

이래저래 좋은 헌혈을 많은 사람들에게 권하고 싶다.

내가 단식하는 이유

5년 전인 2015년, 나는 우연히 단식을 시작하게 되었다. '우연히' 단식을 시작한다는 것은 이해가 잘 안되는 일이겠지만 나는 정말로 어느 날 갑자기, 특별하지 않은 이유로 단식을 시작했다. 최근에는 간헐적 단식이 크게 유행하며 단식을 경험했거나 실천하는 사람들이 많아졌지만 5년 전만해도 단식은 꽤나 낯선 일이었다. 그런 나를 보며 걱정하는 지인도 많았다.

사람들이 단식을 하는 이유는 여러 가지이다. 다이어트를 위해, 몸 안의 독소를 없애는 디톡스를 위해, 몸과 마음의 정화 모두를 위해. 나는 183cm의 키에 72kg 내외의 체중으로 조금 마른 듯한 체형을 가지고 있다. 적어도 다이어트를 위해 단식을 해야 할 이유를 가지고 있는 사람은 아니다. 다만 내 주위에는 단식을 하는 이들이 있었다. 장기간의 단식을 하는 것도, 간헐적 단식처럼 생활 단식을 하는 것도 보았는데, 내가 본 단식을 하는 사람들은 대체로 절제된 생활을 한다는 공통점이 있었다. 자연스럽게 단식에 대한 호감과 관심을 가지게 되었달까.

나는 평소에 적은 양의 식사를 규칙적인 시간에 먹으며, 간식을 거의 먹지 않는 비교적 절제된 식습관을 가지고 있다. 그리고 규칙적인 운동으로 몸을 많이 움직이는 편이다. 그런데도 종종 속이 불편한 일이 있었다. 어느 날 저녁, 그날도 속이 더부룩하여 저녁을 거르고 잠을 청하다가 '단식을 해 보면 어떨까?'라는 생각이 들었다. 사실 단식을 하려면 단식 기간에 따라 미리 먹는 양과 횟수를 줄이는 감식 기간을 거치는 것이 일반적이다. 하지만 나는 사전 준비 없이 속이 불편해서 단식을 시작했으니 일반적인 단식의 과정을 거친 것은 아니었다. 전문적인 지도는 없었지만 다행히 단식 선배인 지인들의 조언을 얻고, 인터넷 검색도 활용하여 무리하지 않는 선에서 3~5일을 해 보기로 하고 단식을 시작했다.

내 생애 첫 단식은 물만 마시는 5일의 완전 단식, 5일의 회복식, 그리고 조절식 순으로 약 2주간 이어졌다. 50년간 매일 세끼씩 먹으며 살았던 내가 갑자기 곡기를 끊게 되자 온갖 생각들이 파도처럼 밀려오기 시작했다. 나에게 단식은 단순히 몸을 비우는 행위 이상의 의미로 다가왔다. 나는 음식에 관심이 많은 사람이다. 1년 가까이 채식주의자 생활을 하며 음식에 관해 적극적인 선택을 한 적도 있고, 지금도 여러 가지 이유로 편식을 한다. 근래 『목숨 걸고 편식하다』라는 책이 주목받은 것을 보면, 나처럼 음식에 관한 적극적인 선택을 하는 사람들이 점점 많아지는 듯하다. 그렇게 원래도 음식에 관해 적극적인 선택을 하는 사람이었으니 단식을 하면서의 소회도 남다를 수밖에.

본격적으로 단식을 하다 보니 그동안 내가 필요 이상의 음식을 먹으며 몸을 과하게 채우고 있지 않았는가 하는 반성을 하게 됐다. 매일 먹던 것을 먹지 않는데도 생각보다 미칠 듯이 배가 고프지도, 죽을 것 같지도 않았다. 물론 이건 사람마다 다를 수 있는데, 나의 경우에는 그랬다. 현대 인류가 앓고 있는 생활 습관병은 다양하지만 원인은 영양의 과잉 공급인 경우가 많다고 한다. 심장병, 당뇨병, 고혈압 등의 병은 예전에는 쉽게 찾기 어려운 병이었으나 먹을 것이 넘쳐 나는 지금은 너무나 흔한 공포이지 않은가. 나에게 단식의 가장 큰 목표는 몸을 비우는 것이었으니 효과적이고 빠른 길을 택한 것은 분명했다.

몸을 비우고 있다는 만족감과는 별개로 물만 마시는 5일은 예전에 경험하지 못한 허전함으로 가득 찬 날들이었다. 음식을 먹을 수 없다는 것은 배고픈 고통만이 아니라 먹을 수 없음에 대한 허전함을 느끼게 하는 일이었다. 먹고 싶다는 욕망은 그다지 느껴지지 않음에도 어쩐지 하루 종일 음식에 대한 생각을 하게 되었다. 평상시에 내 앞에 놓였던 음식들이 얼마나 감사한 것이었던가. 장석주 시인의 〈대추 한 알〉이라는 유명한 시의 내용처럼, 내 앞에 놓인 음식들도 우주의 모든 기운을 받아 만들어진 귀한 음식이며 그냥 내 앞에 놓인 것이 아니라는 감사함을 절절히 느낄 수 있었다.

나는 다섯 번의 단식을 하는 동안 모두 정상적으로 근무를 했다. 내게는 아무것도 하지 않으며 단식을 하는 것이 더 어려웠고, 몸을 많이 쓰는 직업이 아니었기에 가능한 일이었다. 그리고 사정이 허락한다면 앞으로도 매년 물만 마시는 완전 단식을 포함해 3주의 단식을 시도할 생각이다.

사람들은 묻는다. 왜 단식을 하느냐고. 이 질문은 '단식하지 않아도 되는데 왜 사서 고생을 하는가?'라는 의미가 내포된 것이기도 하고, '단식을 하면 뭐가 좋지?'에 대한 질문이기도 하다. 인터넷 검색만 해도 무수히 많이 나오는 단식에 관한 장점을 내가 구구절절 설명할 필요는 없을 것 같아서 나는 '몸을 비우고, 마음을 비우고, 나를 만나기 위해서.'라고 대답한다.

꾸역꾸역 채우기에 급급한 세상에서 방식이 어떻든 덜어 내고 비워 내는 그 무언가는 꼭 필요하다.

중년에게
운동은 적금과 같다

나는 운동치이다. 잘하는 운동이 없고, 남성들이 흔히 즐기는 공을 가지고 하는 운동은 적성에 맞지도 않는다. 스포츠 경기를 보는 것은 더욱 관심이 없어서 웬만하면 다 본다는 축구 A매치도 보지 않을 때가 있으니 다른 스포츠는 말할 것도 없다. 그런데 좁은 가게에서 장사를 시작하면서부터 운동에 대한 욕구가 생겼다.

나는 큰 키에 마른 체형이라 몸을 조금 더 키우며 기초 체력을 다지는 게 좋겠다 싶어 2000년 초반부터 웨이트 트레이닝을 시작했다. 두 번은 한 달도 다니지 못하고 실패했다. 마지막이라고 생각하고 시도한 세 번째 도전이 다행히 성공

해서 지금까지 20년 가까이 웨이트 트레이닝을 하고 있다. 프로테인을 먹으며 웨이트 트레이닝을 하기도 했고, 병행할 적당한 운동을 찾아 기웃거리기도 했다. 이때 만난 운동이 마라톤이다. 지인들은 나를 생각하면서 마라톤을 자연스럽게 떠올리는데, 사실 나는 마라톤보다 웨이트 트레이닝에 더 많은 시간을 할애한다. 매일 스포츠 센터에서 웨이트 트레이닝을 하고, 일요일 새벽에 동호회원들과 마라톤을 즐긴다.

사람들은 내가 20년째 웨이트 트레이닝을 하고 있다고 하면 믿기 어렵다는 표정을 짓는다. 나를 보면 20년이나 웨이트 트레이닝을 한 사람의 몸이라고 생각할 수 없기 때문이다. 그냥 조금 마른 체형일 뿐, 울룩불룩 다져진 근육을 찾으려야 찾을 수 없으니 그런 표정을 짓는 것이 당연하다. 그래도 상관없다. 내가 운동을 하는 이유는 땀 흘린 후의 상쾌함이 즐겁기 때문이다. 매일 땀을 흘리며 단 1도의 체온을 올리는 것만으로도 나는 만족한다. 나는 대회에 나갈 선수가 아니다. 좋은 성적을 위해 운동해야 할 이유가 없고, 누군가에게 멋진 몸을 보여 주기 위해 운동하는 것도 아니다. 매일 아침에 즐기는 운동 시간은 나의 몸과 정신을 맑게 한다. 오늘 하루 있을 일을 생각하며 계획하고 정리할 수도 있다. 허둥지둥 일어나 서둘러 출근하지 않고 이른 아침에 일어나 여유 있게 운동하고 출근하는 것은 삶의 질을 높이는 일이기도 하다.

내 운동에 목표가 있다면 그것은 체력 관리에 있을 것이다. 100kg의 바벨을 들거나 러닝 머신에서 13의 속도로 달리는 것 같은 일은 중요하지 않다. 하고 싶은 일을 할 수 있는 체력이 중요한 것이다. 등산을 하고 싶다면 등산을 할 수 있는 정도의 체력을 유지하면 되고 마라톤을 하고 싶으면 마라톤을 할 수 있는 체력을 유지하면 된다.

나는 운동을 적금이라고 생각한다. 은행 적금을 들고 통장 잔고를 늘리는 것보다 운동을 하는 것이 훨씬 큰 인생의 자산을 늘리는 일이라 믿는다. 선배들이나 선대의 모습을 보면서 나이가 들수록 건강이 얼마나 중요한지 절감했기 때문이다.

사람들은 학창 시절에는 성적, 청년 시절에는 좋은 학벌과 직장, 이후에는 높은 연봉과 부동산, 자녀들이 성장하면서는 아이의 성적과 대학 진학, 중장년에는 금전적인 부분이나 자녀의 결혼 등에 관심과 자부심을 갖는 듯하다. 그러나 나중에는 누가 뭐래도 건강이 최우선이 된다. 생애 주기에 따라 자부심을 갖는 대상이 변하지만 궁극에는 건강으로 귀결되는 것을 보면 지금 신경 써야 할 가장 중요한 것이 무엇인지 명확해진다.

무엇이든 소중한 것은 쉽게 얻을 수 없다. 쉽게 얻을 수 있는 것 중에서 소중한 것이 있을 수 있을까?

눈에 보이지 않는 것은 말할 것도 없고, 눈에 보이는 것들도 쉽게 얻을 수 있는 것에는 큰 가치가 없기 마련이다.

학생이 좋은 성적을 올리는 것이 쉬운가? 좋은 대학에 가거나 대기업에 취직하는 것은? 그럼 건강을 지키는 것은 어떤가? 어느 순간 '건강해야지!'라는 생각이 들어 조금 노력한다고 해서 건강을 얻거나 지킬 수 있는 것이 아니다. 이것만큼은 명확하다. 당장 시작해야 한다.

인생은 마라톤,
마라톤은 인생

나는 매월 160km 이상을 달리는 마라톤 마니아, 소위 마스터스 러너(Masters runner)다. 2002년 처음 마라톤을 시작한 후 꾸준하게 동호회 활동을 하며 달리고 있는데, 그동안 달린 누적 거리가 대략 35,000km 정도 되는 것 같다. 누적 거리 자체에 집착하며 신경을 쓰는 것은 아니지만 그래도 매일매일의 훈련이 쌓여 누적 거리가 되니 의미 있게 다가온다. 어제와 오늘, 그리고 내일 달릴 거리들이 모여 한 달 훈련 거리가 되고, 그렇게 세월이 쌓여 35,000km가 된 것이다.

어렸을 때 아이들은 아빠를 잘 달리는 사람으로 생각했

던 것 같다. 아빠가 아닌 다른 사람이 달리는 것을 볼 기회가 별로 없으니 아빠가 잘 달리는 사람이라고 생각했겠지만 사실 나는 그다지 잘 달리는 사람이 아니다. 오랜 마라톤 경력에도 불구하고 좋은 기록을 가지고 있지 않고, 좋은 기록에 도전하고 싶다는 생각도 절실하지 않다. 마라톤으로 만난 러너 한 명이 나에게 이런 말을 했었다. "인다는 목표가 있는 것도 아닌데 꾸준히 달리는 것을 보면 신기해."

그렇다. 마라톤을 오래 하다 보면 기록을 향상하고자 특별한 훈련을 하게 되기도 하고, 풀코스 ○회 완주 등의 목표 의식을 갖고 달리는 일도 흔하다. 그런데 나는 그 어느 쪽도 아니다. 기록을 향상하고자 속도를 높이거나 거리를 늘리기 위해 무리하지 않고 그저 달린다. 마라톤 용어 중에 속도나 거리를 중요하게 생각하지 않고 달리는 것 자체를 즐긴다는 펀런(Fun Run)이라는 말이 있는데, 나의 달리기가 그렇다. 나에게는 꾸준하게 달리는 것이 중요하다. 그게 즐겁다. 내가 활동하는 동호회도 펀런을 즐기는 동호회다. 훈련 거리 1km당 100원씩을 모아 기부하는 발바닥 사랑을 실천하고 있기도 하다.

내가 생각하는 마라톤은 고급 스포츠이다. 많은 돈을 투자해서 고급스럽게 운동을 하기 때문이 아니라 여러 가지 조건을 충족해야 달릴 수 있기 때문이다. 일단 마라톤은 기본적인 체력이 있어야 한다. 마라톤을 하고 싶다고 당장 10km나 풀코스를 달릴 수는 없다. 원하는 거리만큼 달릴 수 있는 체력을 만들어 가면서 거리를 늘려야 부상 없이 마라톤을 즐길 수 있다. 그리고 시간도 있어야 한다. 마라톤은 짧은 시간에 좋은 성과를 낼 수 있는 성질의 운동이 아니다. 내가 매달 160km 이상의 거리를 달린다고 했는데, 이 정도의 거리를 달리려면 운동을 위해 이동하거나 준비하는 시간을 제외하고 달리는 시간만 15시간 내외가 걸린다. 물론 잘 달리는 사람은 시간을 줄일 수 있겠지만 이 정도의 시간을 낼 수 있는 사람은 그리 많지 않을 것이다. 또한 마라톤은 정직한 운동이다. 오직 내 발로, 나의 힘으로 달려야 한다. 훈련한 시간이 많고 달린 거리가 길다면 덜 힘들게 완주를 할 수 있는 반면 운동량이 부족하면 완주를 하지 못하거나 형편없는 기록으로 힘들게 완주를 하게 되니 이것보다 정직한 운동이 있을지 모르겠다. 마지막으로 정신적인 여유가 있어야 할 수 있는 운동이다. 마음이 여유롭지 못한데 어떻게 달릴 수가 있단 말인가?

　나는 마라톤을 통해 새로운 세상에 눈을 떴다. 마라톤은 세상의 이치가 그대로 담겨 있는 운동이다. 처음에 잘 뛴다고 완주를 잘할 수 있는 것이 아니다. 오히려 오버 페이스가 경기를 망치고 완주를 방해한다. 인생도 그렇다. 나는 초년 성공을 경계한다. 젊은 나이에 큰 성공을 거두는 것은 독배를 드는 것이라고 생각한다. 나는 선택할 수 있다면 초년 성공보다 대기만성형의 인생을 고를 것이다. 인생도 마라톤도 끝이 중요하다.

　마라톤 동호회원들은 식구와 직장 동료를 빼고는 가장 자주 만나는 사람들이다. 매주 2시간 가량을 대화하며 달리는 사람들인데, 그 인연을 19년이나 이어 왔으니 이보다 더 가깝게 자주 만나는 사람이 또 있을까? 마라톤은 혼자 하는 외로운 스포츠라고 생각하기 쉽지만 사실은 함께 하는 운동이다. 마라톤을 하다 보면 함께 달리는 다른 이가 보이기 마련이다.

**　너 나 할 것 없이 가쁜 숨을 몰아쉬고 땀을 흘리며, 잘**

알든 모르든 서로 격려하고 응원한다. 그렇게 같은 길
을 끝까지 달린다.

마라톤과 인생은 정말로 닮았다.

세상에서 쫓겨났을 때가 나의 세상을 만들 수 있는 때였다

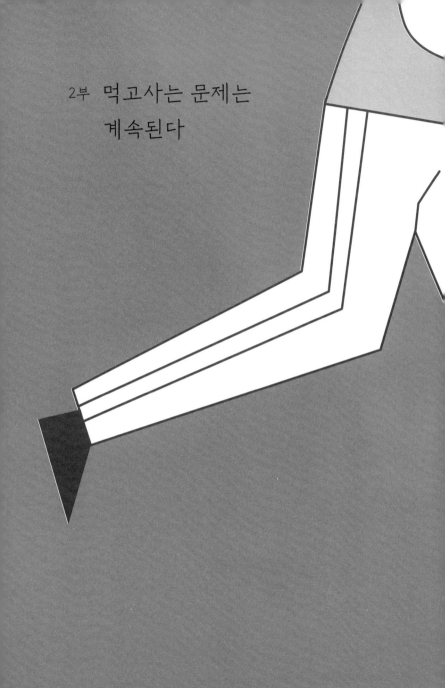

2부 먹고사는 문제는
계속된다

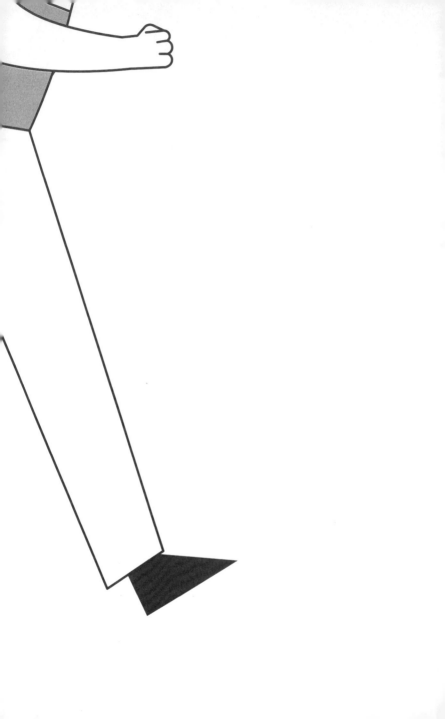

회사에서 잘리고도
무너지지 않았던 것은

어느 날 갑자기 생각지도 못했던 큰 변화가 찾아온다면 어떤 기분이 들지 상상해 본 적이 있는가? 은퇴나 퇴직, 혹은 다른 여러 사건을 경험한 중년이라면 이미 그 기분을 느꼈을지도 모를 일이다. 나는 IMF 사태라고 불리던 외환 위기 시절, 해고 통보를 받음으로써 그 기분을 맛본 적이 있다. 예상하지 못했던, 그것도 안 좋은 방향으로의 큰 변화는 내게 엄청난 충격을 안겨 주었다. 졸지에 실업자가 된 30대 가장의 참담함을 어떤 말로 표현할 수 있을까? 출근하는 아내를 배웅하고 아이를 놀이방에 맡긴 후 할 일을 잃고 출근하는 사람들을 바라보는 심정은 경험하지 않고는 알기 어려운

내가 잘못한 것은 없지만
세상은 나 혼자의 능력만으로
살아가는 것이 아니었다.

것이다. 직장이 아니라 세상에서 쫓겨난 것 같았다.

나는 꽤 잘나가던 여행사의 직원이었다. 많은 사람들이 동경하는 해외의 유명 관광지에서 2년 반 동안 근무하며 다양한 경험을 쌓았고, 이후 영업소를 관리하며 직원들의 고객 응대를 지원하고 있었다. 사생활도 순조로웠다. 고등학교 교사인 아내와 20대 후반에 결혼해 이듬해에 아이를 낳았고, 몇 년 후 중형 아파트를 구입해서 특별한 고민이나 어려움도 없었다. 세상은 이렇게 그럭저럭 살아가는 것인가 보다고 생각하던 차였다. 그야말로 아쉬울 것도, 부러울 것도 별로 없이 평탄한 신혼의 가장이었던 내가 어느 날 갑자기 실업자가 된 것이다.

사정은 이랬다. 외환 위기 직전의 환율은 달러당 800원대였다. 그런데 외환 위기 이후 환율이 오르기 시작하더니 순식간에 2천 원에 육박하며 한국 경제를 흔들었다. 800원대의 환율이 2천 원 대로 올랐다는 것은 가격이 1,000 USD인 여행 상품이 있다고 했을 때, 이전까지 80만 원만 내면 됐을 여행을 200만 원이나 주고 가게 됐다는 것을 의미한다. 매일 이어지는 부도와 폐업, 실업 대란이라는 뉴스 속에서 이처럼 높은 환율을 감당하며 여행을 하려는 사람은 별로 없었다. 이미 잡힌 예약들이 취소되는 것도 당연한 순서였다. 여행사들은 폐업과 감원의 직격탄을 맞게 되었고, 내가 근무했던 여행사도 두 차례의 감봉으로 버텨 보려고 노력했지만 결국 감원을 택했던 것이다.

처음에는 어느 날 갑자기 실업자가 된 상황이 받아들여지지 않았다. 그러나 시간이 흐르면서 내 의지와 능력으로 잘 살고 있다고 생각해 왔던 내 삶이 실은 얼마나 부실한 것이었는지 깨닫게 되었다. 내가 잘못한 것은 없지만 세상은 나 혼자의 능력만으로 살아가는 것이 아니었다. 신혼의 젊은 가장에게 한국 경제와 외환 사정을 들여다보며 세계 경제의 흐름을 읽고 변화를 예측하지 못한 잘못을 따져 묻는 것은 가혹한 일이겠지만 실업자라는 존재가 된 것은 변함없는 사실이었다.

끝이 보이지 않는 깊은 터널에 갇힌 듯한 기분으로 하루하루를 보내며 아내와 아이의 얼굴을 보는 것은 힘든 일이었다. 무능력한 사람이 되어 무기력한 날들을 더해 가는 나를 보는 것은 자괴감 속에서 스스로 초라해지는 일이기도 했다. 그러나 나에게는 아내라는 기댈 언덕이 있었다. 아내는 동료들의 남편과 나를 비교하며 괴로워할 수도 있었고 함께 초라해짐을 느꼈을 수도 있었겠지만 전혀 내색하지 않았다. 그저 묵묵히 나의 선택을 기다리며 곁에 있어 주었다. 아무런 준비 없이 세상에 던져졌지만 내가 어떤 선택을 하든 믿고 지지해 주는 든든한 아내의 믿음을 생각하며 나를 다잡았다.

직장이 아니라 세상에서 쫓겨난 것 같았는데 돌아보니 나는 변함없이 가족이라는 울타리 속에 있었다.

막다른 곳까지 몰렸다고 쉽게 생각해 버리지만 실은 생의 한 장면이 끝났을 뿐인 때가 더 많다. 가족, 친구, 내 삶을 채우는 다른 대부분은 그 자리 그대로 나를 지탱해 주고 있다. 그러니 다시 시작하면 된다.

창업이나 해 볼까?
말은 참 쉬운데

애석하게도 세상은 나를 기다려 주지 않는다. 내가 처한 상황은 내가 헤쳐 가야 하는 것이다. 1997년의 혹독한 겨울은 많은 사람들에게 변화를 요구했다. 의도하지 않았지만 변화해야만 했던 수많은 사람들은 고통스러운 과정을 피할 수 없었다. 나 역시 내 의지와는 무관하게 떠밀려 변화를 모색해야만 했다. 무엇을 해야 하는가? 거친 세상에 홀로 내던져진 느낌으로 막막한 모색을 시작했다.

선택지는 세 가지가 있는 듯했다. 이직, 전직, 창업. 그러나 10여 년간 쌓아온 경력에도 불구하고 여행사들의 잇따른 도산으로 인해 다른 여행사로 이직을 한다는 것은 불가능한 일이었다. 잘 다니던 회사에서도 감원되는 시기에 다른 회사에서 잘린 사람을 채용하는 회사를 찾는다는 것은 불운했던 여행 업종 동료들과 나에게 일어나기 어려운 일이었다. 그렇다고 다른 직종의 일을 찾는 것도 가능해 보이지 않았다. 업종 불문하고 폐업과 실업 대란의 광풍이 부는데 경력이 없는 업종으로의 전직을 모색하는 것은 현실성이 없는 일이었다. 내 앞에는 창업이라는 외길만이 남아 있는 듯했다. 이 길은 나에게만 열렸던 길은 아니다. 외환 위기 이후 거리로 내몰렸던 수많은 사람들이 걸었던 길이다. 퇴직 이후 외통수에 걸린 사람들의 마지막 선택지 역시 창업일 때가 많다.

창업을 하기로 마음만 먹었지 모아둔 여윳돈도, 장사에 관해 아는 것도 없었다. 직장에 다닐 때 자주 들었던 '다 때려치우고 장사나 할까 보다.'라는 말도 치기 어린 직장인의 자기 위로에 불과했음을 알게 되었다. 갑자기 실업자가 된 사람이 무슨 경험과 돈으로 국가가 부도난 상황에서 창업을 할 수 있을까?

창업은 근거 없는 낙관으로 시작할 수 있는 일이 아니다.

예나 지금이나 인건비만 나오면 된다는 소박한 생각으로 장사를 시작하는 사람들이 많지만 대부분의 창업자는 1년을 넘기지 못하고 폐업하고 만다. 많은 창업자들이 겨우 생존이 가능한 인건비 수준의 돈도 벌지 못하는 것이 현실이기 때문이다.

정말 창업을 해도 될지, 한다면 무슨 장사를 해야 할지 갈피를 잡지 못하고 고민하던 중 이전 직장에서 상사로 모시던 팀장님이 퇴직 후 여성 구두 도매점을 개업한다는 소식을 들었다. 그 상사의 부인은 이미 동대문 도매 시장에서 여성 구두 도매점을 운영하고 있었는데, 감각과 수완이 좋아 장사가 잘되어 2호점을 연다는 것이었다. 나는 다급한 마음에 그를 찾아가 동업을 제안했다. 가진 돈도 많지 않고, 아는 것은 더 없는 상태에서 창업을 한다는 것이 너무 어려운 일이라는 생각이 들었기 때문에 동업을 하고 싶은 마음이 간절했다.

그러나 돌이켜 생각해 보니 그의 입장에서는 나와 동업

을 해야 할 이유가 전혀 없었다. 이미 장사에 대한 노하우를 가지고 있고, 투자금도 부족하지 않은데 굳이 나와 동업을 하면서 잠재적인 경쟁자가 될 수도 있는 사람에게 노하우를 알려 줄 이유가 없었을 것이다. 동업을 하자는 나의 제안이 다급함 속에서 나온 무례함이었을 수도 있다. 지금 내게 누군가 이런 제안을 한다면 나 역시 정중하게 거절할 것 같다.

다행히 팀장님은 불쾌해하지 않고 동업은 어렵지만 2호점에서 함께 일해 보는 것이 어떠냐고 제안했다. 영업 비밀은 며느리에게도 알려 주지 않는다는데, 직원으로서 함께 일할 수 있는 기회를 준 것만으로도 큰 배려를 받았던 셈이니 감사한 일이 아닐 수 없다. 그렇게 나는 구두 가게 점원으로 제2의 인생을 시작하게 되었다.

시작은 미약했으나 그 끝은 창대하리라는 성경 구절을 모르는 사람은 없을 것이다. 나는 이 말을 응원으로 여기지 않는다. 대부분의 시작이 미약한 게 당연하다는 것을 인정하라는 완곡한 충고로 들린다. 구두 가게 점원이 된 나의 선택을 곤궁한 실업자가 지푸라기라도 잡은 것이라고 평가해도 좋다. 다만 무어라도 잡아야 할 때, 자존심은 정말로 쓸모가 없다는 걸 일러두고 싶다.

파는 것이
다가 아니다

도매 시장 상점의 직원으로 일한다는 것은 일반적인 직장 생활을 하는 것과는 차원이 다른 일이었다. 무엇보다 육체적으로 고됐다. 당시 나는 수원에 살고 있어서 출퇴근에만 대중교통으로 왕복 4시간가량이 걸렸다. 그 자체만으로도 많은 에너지가 소모됐다. 올빼미처럼 밤에 일을 하는 것도 어려웠다. 저녁 8시에 출근해서 밤새 일하고 아침 7시에 퇴근하는, 주간에 일하는 것과 완벽히 다른 패턴의 생활. 남들이 퇴근하는 시간에 출근하고, 출근하는 시간에 퇴근해서 밝은 대낮에 잠을 자야 한다는 것은 좀처럼 익숙해지지 않았다. 이런 생활은 불과 수 세대 전만 해도 상상할 수 없었던 일이다. 해가 뜨면 일하고, 해가 지면 쉬는 것이 인간의 몸에 기억된 삶의 방법이 아니겠는가?

　육체적인 어려움에 보태진 심적인 어려움은 나를 더욱 힘들게 했다. 당시 아이가 놀이방에 갈 수 있는 시간보다 아내의 출근 시간이 더 빨랐다. 사장님의 배려로 한 시간 일찍 퇴근하여 출근하는 아내를 배웅한 후 아이를 놀이방에 맡기는 것이 가능했지만 가장으로서 느껴지는 열패감을 피할 수는 없었다. 말하지는 않았지만 아내가 느꼈을 어려움은 오죽했을까?

　몸과 마음은 힘들고 피곤했지만 구두 가게의 출발은 순조로웠다. 2호점이 문을 연 디자이너클럽이 워낙 장사가 잘되는 도매 상가였던 데다 사모님의 탁월한 감각 덕분에 오픈한 지 얼마 안 되어 매출이 금방 늘었다. 힘든 것과 별개로 최선을 다해 성실하게 일을 배우려고 노력하니 성과도 있고 짧은 시간에 단골들도 생겨났다. 그러나 이게 나의 생업이라고 가정해 보면 이야기가 달라졌다. 구두 장사에는 예상치 못한 여러 어려움이 있었던 것이다.

　그 전까지 나는 구두 사이즈가 그리 중요하다는 생각을

한번도 해 본 적이 없었다. 신발을 살 때마다 언제나 내가 원하는 크기의 제품이 있어서 구입이 가능했기 때문에 별 생각이 없었다. 하지만 구두 가게 점원으로 일하다 보니 구두의 크기는 무엇보다 중요했다. 특히 여성 구두는 열심히 물건을 설명하고 고객을 설득해도 맞는 사이즈가 없어서 판매하지 못하는 경우가 다반사였다. 한 가지 디자인에 6~7종의 크기를 구색 맞춰 준비해 놓아야 하는데 그게 쉽지 않았다. 게다가 한 가지 상품이 팔리기 위해서는 더 많은 디자인의 구두들이 필요했다. 장사라는 것이 잘 팔리는 상품 몇 가지만 놓고 할 수 있는 것이 아니기 때문이다. 수없이 많은 디자인의 구두를 준비하고 크기별로 구색을 맞춰 놓아도 잘 팔리는 몇 가지 디자인과 크기의 상품 이외에는 모두 재고가 되어 원가 이하의 가격에 처분해야만 했다.

구두라는 상품의 특성을 알게 되니 구두를 판다는 것이 참으로 어렵게 느껴졌다. 사장님이 가져다 준 구두를 진열하고 판매하는 점원의 역할만 하며 생산과 유통 구조를 모두 배운다는 것도 사실상 불가능했다. 예쁘고 가성비 좋은 구두를 만들어 내는 것은 구두 가게 점원의 일이 아니었다.

많은 시간이 지난다고 해서 사장님이 알려 줄 성질의 일도 아니었다. 싸고 좋은 구두를 만드는 공장을 왜 직원에게 알려 주겠는가? 직장 상사로 모시던 분의 가게에서 일을 배우는 것임에도 한계는 한계로 존재했다. 생산과 유통을 알지 못하고 물건만 판매하는 것은 직원으로 평생 일하겠다는 마음이 아니라면 오래 해서는 안 되는 일이다.

근본적인 경영 원리를 알지 못하고 부수적인 일만 하는 것은 헛바퀴를 돌리며 흙탕물만 튀길 뿐 사실 한 발짝도 나가지 못하는 진흙에 빠진 자동차와 다를 바 없다.

창업을 갈망하던 나는 구두가 아니라 다른 아이템으로 눈을 돌려야겠다는 결론에 이르렀다. 그리고 같은 층에 있었던 액세서리 전문점을 관심 있게 지켜보기 시작했다.

합당한 준비 없는 갈망은
실패와 같다

간절함은 때로 삶의 동력이 된다. 사람은 몸이 힘든 일을 견디기 어렵다. 그러나 마음이 힘든 경우에는 더욱 힘들어진다. 그렇게 몸과 마음이 힘겨운 일상을 사는, 현실은 초라하고 미래가 막막한 구두 가게 점원이었던 나는 간절하게 탈출구를 찾고 있었다. 그때 액세서리 전문점이 눈에 들어왔다. 계기는 아주 단순했다. 한 발 떨어져서 본 액세서리 전문점은 장사가 무척 잘되는 것 같았다. 사람들이 끊임없이 물건을 구경하고 구입했으며 도매 손님도 제법 많은 듯했다. 한마디로 '대박'처럼 느껴졌던 것이다. 늘 고객들로 붐비는 가게를 보며 '나도 액세서리 전문점을 해 보면 어떨

사람은 몸이 힘든 일을 견디기 어렵다.
그러나 마음이 힘든 경우에는 더욱
힘들어진다.

까?'라는 생각이 든 것은 자연스러운 귀결이었다.

당시 디자이너클럽 지하 2층에는 액세서리 전문점이 여러 개 있었는데, 내 눈에는 하나같이 손님이 많은 것으로 보였다. 아직 장사를 잘 알지 못하던 구두 가게 점원의 입장에서는 고객이 많으면 물건도 무조건 많이 팔리는 것 같았다.

액세서리 전문점이 분명한 매력을 가지고 있다는 확신이 들기도 했다. 나는 이 확신을 매일매일 다질 수 있었다. 액세서리 전문점에서 물건을 고르는 여성 고객들은 언제나 진지하고 즐거워 보였기 때문이다. 옷이나 신발, 가방을 고를 때보다 헤어 액세서리를 고를 때 훨씬 더 즐거워하는 여성 고객들의 모습을 보며 액세서리에 어떤 매력이 있는 것 같다는 막연한 생각을 하게 된 것이다. 지금도 변함없이 여성들은 액세서리를 구경하면서 무척이나 즐거워한다. 이것은 액세서리가 지닌 커다란 무기다.

게다가 액세서리는 가격 면에서도 커다란 장점을 가지고 있는 것 같았다. 당시에 내가 판매하던 구두의 도매가가 4~5만 원이었는데, 여성용 헤어 액세서리는 웬만하면 이것보다 훨씬 저렴했다. 가격이 비싼 구두나 의류보다 저렴한 물건이 훨씬 더 잘 팔릴 것 같다고 생각하는 것은 당연하지 않은가.

액세서리 전문점에 매료된 나는 액세서리의 장점만을 보기 시작했다. 아주 위험한 일이었지만, 당시의 나는 상황을 객관적으로 정확히 볼 수 있는 능력이 없었다. 아니, 엄밀히 말하면 좋은 점만 보고 싶었기 때문에 객관적인 사실을 충분히 고려하거나 인정하지 않았던 듯하다. 가게에 손님이 많이 오간다고 해서 무조건 많이 팔리는 것은 아니다. 구경만 하고 그냥 가는 손님들이 많기 때문이다. 가격이 저렴한 제품이라고 해서 무조건 많이 팔리는 것도 아니다. 같은 매출을 올리기 위해 저렴한 제품은 상대적으로 훨씬 많이 팔아야 한다. 한 켤레에 5만 원짜리 구두와 천 원짜리 액세서리를 파는 것은 차원이 다른 일이다.

간절함은 삶의 동력이 맞지만 그에 합당한 준비와 노력이 동반되지 않으면 아무 의미가 없다.

보고 싶은 것만 보며 갈망한다고 해서 원하는 것을 얻을 수는 없다. 시험에서 1등을 하게 해 달라는 기도가 1등을 할 수 있게 해 주는가? 1등은 피나게 공부하여 시험을 가장 잘 치른 자의 것이다. 장사도 마찬가지다. 합당한 준비 없는 갈망은 실패를 예견한 것과 같은데, 보고 싶은 것만 보며 창업 성공을 꿈꾸던 내가 과연 성공할 수 있었을까?

창업 초짜의 후회

구두 가게 점원을 하면서 느꼈던 어려움을 헤쳐 나갈 돌파구로 액세서리를 점찍은 나는 퇴근 후 집으로 가지 않고 남대문 액세서리 도매 상가와 서울 시내 유명 상권의 액세서리 점포들을 돌기 시작했다. 남대문 도매 시장을 기웃거리며 어깨너머로 어떤 물건들이 잘 팔리는지 구경했고, 유명 상권의 액세서리 점포들에는 어떤 제품이 진열되고 판매되는지 주의 깊게 살펴보며 나름 벤치마킹을 하려고 한 것이다.

업종을 정하고 나니 마음이 급해졌고, 열심히 준비해야겠다는 마음으로 밤낮없이 액세서리에 관해 공부하고 궁리하며 창업을 준비했다. 가장 먼저 매장을 어디에 오픈할지 결정해야 했는데, 거기에는 몇 가지 기준이 있었다. 첫째, 유동 인구가 많고 여성들이 많이 모이는 지역이어야 했다. 둘째, 불황에도 지갑이 열린다는 학생들을 상대하고 싶었으므로 학교 앞이어야 했다. 셋째, 익숙하고 잘 아는 지역이어야 했다. 이런 기준으로 대상지를 찾다 보니 '이대입구'가 가장 적합했다.

그러나 창업의 길은 첫걸음부터 높은 벽에 부딪히고 말았다. 이대입구 같은 유명 상권에서 점포를 계약하려면 매우 큰돈이 필요했던 것이다. 내가 생각했던 액수와는 비교도 안 될 만큼 많은 돈이 있어야 내가 원하는 곳에 매장을 차릴 수 있을 듯했다. 돈도 없고 아는 것도 없는 상태에서 오직 치기만만한 꿈만 가지고 창업에 도전하는 일은 시작부터 실패가 예견된 험로였지만 당시에는 전혀 그런 생각을 하지 못했다.

어떤 창업자도 자신이 실패할 것이라고 생각하며 창업을 하지는 않는다. 자신이 망할 것이라고 생각하면 가진 돈 전부를 투자하고 때로 부채까지 지며 창업할 리 만무하다. 그리고 열심히 준비하지 않는 창업자도 별로 없다. 자신의 능력을 다해 열심히 준비하지만 잘하지 못하는 것일 뿐이다. 열심히 하는 것과 잘하는 것은 완전히 다른 문제인데, 열심히 하기에 잘할 수도 있다고 기대하는 것은 근거 없는 낙관이다.

창업은 취미 활동이 아니므로 열심히 할 사람이 아니라 잘할 사람이 해야 하는 것이다. 좋은 태도를 가지고 있다고 좋은 능력이 생기는 것은 아닌 것이다.

다시 나의 이야기로 돌아가면, 있는 돈 없는 돈을 다 모으고 부채까지 진다고 해도 이대입구 대로변에 매장을 구하는 일은 불가능했다. 그래서 그중 나아 보이는 골목길의 손바닥만 한 매장을 얻기로 마음먹고 이대입구 일대 상권 분석에 들어갔다. 매일 이대입구에 나가 그 지역을 익히기 시작했다. 잘 알고 있는 지역이라고 생각했는데 매장을 열겠다고 마음먹고 바라보니 생소한 느낌마저 들었다. 이대입구 지역의 골목길과 상가 지도를 직접 그리고, 액세서리 전문점들을 찾아 지도에 표시했으며, 유동 인구를 파악하고 주도로의 시간대별 변화도 체크했다. 매장을 열면 좋겠다 싶은 골목을 수시로 드나들며 시간대별, 요일별 유동 인구를 확인했을 뿐 아니라 매장 주위의 여러 상인들에게도 이것저것 궁금한 것들에 대해 묻고 다녔다.

그렇게 2주 정도의 시간을 보내니 나 스스로 무척이나 열심히 준비하고 있다는 생각이 들었다. 그러나 장사에 대한 개념이 거의 없는 사람의 노력은 실질적인 도움이 되지 못하는 자기만족 수준에 불과하다는 사실을 아는 데는 그리 오랜 시간이 걸리지 않았다.

이대입구 지역에서 창업을 하겠다고 결심한 지 3주쯤 지났을 때, 드디어 작은 골목길의 한 평 반짜리 가게를 보증금 6천만 원과 월세 120만 원에 계약했다. 부동산 중개인의 권유로 권리금이 없다는 것에 안도하며 서둘러 계약을 했는데, 지나고 나서 보니 부동산 중개인의 현란한 말솜씨에 현혹되어 성급하게 내린 결정이었다. 지금 당장 계약하지 않으면 다른 사람이 선수를 칠 것 같은 조급함에 서둘렀지만 계약할 수 있는 점포는 꼭 이곳만 있는 것이 아니었다. 결국 나의 첫 매장 오픈은 초짜의 심리를 잘 알고 있던 부동산 중개인의 빛나는 승리로 시작하게 되었다.

실패는 등 뒤로
찾아온다

나의 첫 매장은 '해피데이'였다. 날마다 행복한 날이 되기를 바라는 마음을 담아 지은 상호인데, 특별히 콘셉트를 잡고 고민해서 지은 이름이 아니다. 솔직히 고백하자면 왜 해피데이라고 지었는지조차 기억나지 않을 정도다. 상호의 중요함에 대한 고려가 전혀 없었던 것처럼 날마다 행복한 날을 만들 수 있는 준비도 부족했다.

매장 인테리어 공사부터 문제였다. 그때 나는 돈도 없고 감각도 없는 데다가, 장사를 할 때 인테리어가 얼마나 중요한 역할을 하는지도 잘 몰랐다. 무식하면 용감하다고 했던

가? 인테리어라는 것이 그저 상품을 올려놓거나 걸어 둘 수 있게끔 매장을 꾸미는 일이라고 생각했으니 나로서는 별다른 고민 없이 일을 처리하는 것이 당연하고 자연스럽게 느껴졌다. 매장을 얻는 데 있는 돈을 모두 털고 부채까지 진 상태였기 때문에 인테리어에는 신경을 쓸 여력조차 없었다.

　내가 보기에 매장의 상태는 비교적 깨끗한 편이었다. 원래 여성복을 판매하던 곳이라 몇 군데만 손보고 벽에도 상품을 진열할 수 있게만 만들면 될 것 같았다. 인테리어에 투자할 돈이 없었기 때문에 더욱 그렇다고 믿고 싶었을 것이다. 당장 판매할 물건을 살 돈도 빠듯한 상황에서 인테리어는 사치라는 생각도 들었다. 하지만 이 얼마나 개념 없고 무모한 짓이란 말인가! 누구에게 어떤 물건을 팔지 결정한 후 그에 걸맞은 인테리어를 하는 것이 당연한 수순임에도, 단지 여성들에게 액세서리를 팔겠다는 생각만으로 지저분한 것을 가리고 물건 몇 가지만 걸어 둘 수 있는 수준으로 인테리어를 해치웠으니. 그마저도 직접 할 수 있는 일은 직접하고 그렇지 않은 일만 업자에게 맡겼으니 당시 매장이 어땠을지 짐작하고도 남을 것이다. 그렇게 완성된 해피데이는 아무런 특색도 없는 흔하디 흔한 액세서리 전문점의 모습이었다. 어쩌면 이대입구에서 가장 수준이 떨어지는 작은 액세서리 매장이었을지도 모른다. 장사의 앞날이 불 보듯 뻔하지 않았겠는가?

인테리어를 하면서 개업 준비도 함께 시작했다. 준비할 것이 많았지만 가장 중요한 것은 판매할 상품을 구매하는 일이었다. 하지만 나는 초보 티를 내며 도매 시장을 무작정 돌아다녔다. 물론 그 전에도 시장 조사를 한답시고 매일 같이 도매 시장에 갔었지만 물건을 직접 구매하려고 하니 느낌 자체가 많이 달랐다. 그러나 상품에 대한 개념도 없이 초도 물품 구입을 위해 돌아다니는 것은 매우 어리석고 위험한 일이다. 나는 그런 문제점을 전혀 인식하지 못한 채 열심히 상품들을 구입했다. 같은 디자인의 머리띠를 60개나 구입하기도 했을 정도로 개념이 없었다. 약간의 차이만 있는 머리띠를 이렇게나 많이 구입하는 것은 지금 같으면 상상하기 어려운 일이다.

내가 개업을 위해 구입한 상품은 대체로 1,000~2,000원 정도인 저가의 액세서리였는데, 이대입구에 넘치게 많았던 노점상의 제품에도 미치지 못하는 수준의 구색이었다. 구멍 가게 수준의 액세서리 전문점을 열고 치열한 경쟁 대열에 합류한 것이다. 이런 상황에서도 나는 대박의 꿈으로 여전히 즐겁고 행복했다.

　드디어 개업 첫날이 되었다. 많은 지인들이 개업을 축하하기 위해 찾아왔다. 그들이 축하하는 마음으로 상품을 구입했으니 물건이 잘 팔리는 것은 당연한 일이었다. 처음 개업한 매장은 오픈 초기에 신장 개업 특수를 누리게 마련인데, 해피데이도 정신없이 바쁜 개업 첫날을 보냈다. 나는 '이렇게만 장사가 된다면 아주 괜찮지.'라는 아주 행복한 상상을 하며 즐겁게 하루를 마감했다. 하지만 이런 행복한 시간은 딱 하루로 끝났다. 개업 특수를 누렸던 처음 며칠을 제외하고 장사는 기대 이하였다. 게다가 겨우 한 평 조금 넘는 공간에 남자 사장과 남자 직원이 앉아 여성을 위한 액세서리를 팔고 있었으니 도대체 어떤 매장으로 보였을지 모르겠다. 첫날의 행복은 잠시였고, 매장은 위태로웠다. 주위의 상인들은 대놓고 말하지는 않았지만 얼마나 가나 보자는 분위기였다.

날마다 행복한 날의 꿈은 막연한 기대로 그저 그런 준비만 한 자에게는 결코 찾아오지 않았다.

성공할 수밖에 없는
세 가지 이유

나는 내가 성공할 수 있는 세 가지 이유가 없으면 창업을 하지 말아야 한다고 생각한다. 서울시 자영업지원센터에는 창업 자금 대출 전, 전문가들의 강의를 일정 시간 이상 들어야 하는 필수 프로그램이 있는데, 도소매 유통 전문가로서 해당 업종 예비 창업자들에게 강의를 한 적이 있었다. 그 강의에서도 나는 성공할 수 있는 이유 세 가지를 갖지 않았다면 창업을 하지 말라고 강조했다. 예비 창업자들에게 유용한 정보를 제공해서 실패를 줄이기 위해 진행되는 프로그램이었기 때문에 냉정하더라도 실질적인 조언을 건네고 싶었다. 내가 해피데이를 창업하던 시기에도 이런 강의가 있었다면 많은 도움이 되었을 텐데, 애석하게도 1998년 당시에는 전적으로 창업자의 노력과 능력에 따라 사업 성패가 갈렸다.

내가 예비 창업자들에게 주문한 성공할 수 있는 이유 세 가지는 복잡한 게 아니다. 예를 들자면 이런 것이다. '나의 매장은 위치가 아주 좋아. 전철역에서 나오면 바로 눈에 띄는 접근성이 좋고 큰 매장이야.', '나는 이 동네에서 가장 저렴하게 액세서리를 팔 수 있어.', 혹은 '나는 이 지역에서 가장 특색 있고 예쁜 핀들을 팔 수 있어.'와 같은 이유도 좋을 것이다. 업종 불문, 지역 불문하고 존재하는 수많은 경쟁 업체와 겨뤄 살아남으려면 당연히 이러한 특장점, 즉 경쟁력을 가져야 한다.

내가 창업했던 이대입구 인근에는 당시 100여 개의 액세서리 전문점과 노점, 그리고 편집 매장이 있었다. 그런 곳에서 장사를 시작한다면 당연히 100여 개의 가게를 뛰어넘을 수 있는 특별함이 있어야 하는데 해피데이에는 이런 성공의 이유가 전혀 없었다. 해피데이의 액세서리는 노점보다 구성이 다양하지 못했고 가격도 더 비쌌다. 디자인 능력이 뛰어나고 감각이 좋은 젊은 여성들이 운영하던 편집 매장의 액세서리들과는 비교도 할 수 없었다. 골목길 한 평 반짜리 가게였으니 매장의 위치와 크기에서도 경쟁력이 없었고, 인테리어는 행인의 눈길을 사로잡기는커녕 보통 이하의 수준이었다. 게다가 액세서리에 관한 해박한 지식과 감각은 고사하고 장사를 처음 시작한 아저씨가 사장이라니, 고객이 다시 찾아올 이유가 전혀 없는 매력 없는 가게였던 것이다.

생각대로라면 매장이 자리를 잡으면서 단골손님도 조금씩 생기고 매출도 올라야 하는데, 해피데이는 시간이 갈수록 매출이 떨어지기 시작했다. 지루한 판매 부진의 날들을 보내며 이 상태로는 매장을 꾸려 갈 수 없다는 판단이 들었다. 아무것도 모르고 의욕만 앞선 채로 시작했기에 적절한 대응을 할 수도 없었다. 처음 개업하면서 준비했던 초도 물품을 전부 치우고 가격대가 조금 더 높은 액세서리들로 바꾸며 변화를 시도했지만 결과는 달라지지 않았다. 해피데이는 여전히 특색 없는 많고 많은 가게 중 하나였고 사장인 나는 개념 없는 초보 상인에 불과했다. 하루하루 지날수록 고민은 깊어 갔고 불면의 날은 계속되었다. 아무리 고민

해도 근본적인 문제가 무엇인지, 무엇을 어떻게 해야 할지 알 수 없었다. 나에게 장사 경험이 전혀 없었다는 것을 감안한다고 해도 이건 보통 심각한 상황이 아니었다. 머리를 맞대고 의논할 사람도 없었고 도움을 청할 사람도 없었다. 그렇다고 주저앉을 수도 없는 노릇이었다.

사실 처음부터 장사를 제대로 알고 시작하는 사람이 대한민국에 몇 명이나 되겠는가? 많은 사람들이 나처럼 무모한 도전에 뛰어들었을 것이고 지금도 그럴 것이다. 그러나 동병상련의 처지가 아무리 많다고 해도 내가 그들의 고통을 함께 짊어질 수 없듯이,

나의 고통도 오롯이 내가 감당해야 할 몫이다. 내가 판단을 내리고 스스로 벌인 일에 대한 책임을 누구에게 묻겠는가?

고통스러운 시간이었지만 한 번 더 최선을 다해 보는 수밖에 없었다. 남대문 도매 시장에 매일 나가 감각을 익혔고, 장사가 잘되는 액세서리 매장을 벤치마킹하기 위해 매일 여

러 지역의 매장을 탐방했다. 지나가는 여성의 머리에 꽂힌 액세서리들도 실전 감각을 키우는 좋은 교보재였다. 그렇게 시간을 보내다 보니 차차 안목이 생기기 시작했고, 내가 가진 한계가 무엇인지도 알 것 같았다. 하지만 여전히 문제를 해결할 능력은 없었다. 그렇게 보낸 그해 여름은 유난히 길고 더웠다.

실패했다고
꼭 포기해야 하나?

청년 시절 나는 열정적인 사람이었다. 성실하고 진취적으로 생각했으며, 실행도 빨랐다. 그리고 무엇보다 나를 믿고 노력하는 사람이었다. 그런데 이런 나의 장점과 장사가 잘되는 것은 별로 관계가 없었다. 좋은 태도가 좋은 능력을 보여 주는 것은 아니기 때문이다. 장사를 시작했으면 돈을 벌어야 한다. 열심히 장사하는 것이 중요한 것이 아니라 돈을 버는 것이 중요하지 않은가? 그런데 해피데이가 처한 상황은 전혀 돈을 벌지 못하는 상황이었다. 나는 좋은 태도를 가진 사람이었지만 능력 있는 상인은 아니었던 것이다.

액세서리에 대해 점점 더 알게 된다고 해서 해피데이의 현실이 나아지는 것은 아니었다. 6개월 정도의 시간이 흐르면서 나는 해피데이라는 가게는 더 이상 장사를 할 수 없는 가게라는 사실을 명확하게 깨닫게 되었다. 내가 손님이라도 다시 가고 싶지 않은 흔한 액세서리 가게, 좋은 물건도 없고 가격도 비싸며 찾아가기도 어려운 골목길 작은 가게가 무슨 수로 손님을 끌어모으고 물건을 판매하여 돈을 벌 수 있다는 말인가?

실업자가 된 내게 세 개의 선택지가 주어졌던 것처럼 다시 두 개의 선택지를 받아 든 듯했다. 장사를 계속 하느냐, 마느냐. 비록 작은 매장 하나도 제대로 운영하지 못해 쩔쩔매고 있었지만

나는 마음속으로 늘 사업을 하고 있다고 믿었다. 그러니 도전을 멈출 수가 없었다.

사업을 하는 사람이 잠시 어렵다고 사업을 포기한다는 것은 내 기준에서는 있을 수 없는 일이었다. 포기하는 것도 용기라는 말에 기대고 싶어질 때, 내가 나의 정체성을 어떻

게 판단하고 있는지 곰곰이 짚어 보는 게 도움이 된다. 나는 마지못해 창업을 했지만 원래 다른 일을 했던 사람인가, 다른 일을 했었지만 이제는 사업을 하고 있는 사람인가. 내 경험이 일말이라도 도움이 될 사람은 후자일 듯하다.

사업을 계속하려면 장사가 안되는 조건을 모두 버리고 장사가 잘되는 조건을 갖춘 뒤 새롭게 시작해야 한다. 해피데이의 경우 매장을 큰길로 옮기고 상품 스타일을 모두 바꾸는 방법이 있었다. 그러나 현실적인 대안은 아니었다. 더 이상의 자금이 없었을 뿐 아니라 큰 모험을 감당할 능력도 부족했다. 그래서 생각해 낸 방법이 찾아가는 방식의 판매였다. 준비 안 된 매장에서 고객을 맥없이 기다릴 것이 아니라 고객을 찾아 나서야겠다고 결심한 것이다.

당시는 휴대 전화 사용자가 폭발적으로 증가해 휴대 전화 관련 액세서리도 호황을 누리던 시기였다. 해피데이에서도 휴대 전화 액세서리를 팔았는데, 그중 잘 팔렸던 핸드메이드 휴대 전화 고리를 위탁 판매하면 좋을 것 같았다. 내가 해피데이에서 장사를 하는 동안에도 그 휴대 전화 고리는 여러 곳에서 판매가 되고 있을 것이라 기대했기 때문이다.

대량의 휴대 전화 고리와 진열대 50개를 주문했다. 이미 위탁 판매를 하고 싶은 곳의 업종을 몇 군데 정해 두었기 때문에 망설임이 없었다.

내가 판매처로 제일 먼저 고려한 곳은 편의점이었다. 젊은 사람들이 24시간 드나드니 예쁜 휴대 전화 고리를 팔기에 최적인 장소라고 생각했지만 처음부터 거절을 당했다. 편의점은 본사에서 공급받는 제품만 판매할 수 있다는 너무 당연한 사실을 몰랐던 것이다. 두 번째로 방문한 곳은 극장의 매장이었다. 영화를 보기 전 연인들이 휴대 전화 고리를 고르는 모습은 얼마나 아름다운가? 그러나 이것 역시 대부분 실패였다. 짧은 시간 동안 팝콘도 팔고 음료도 팔아야 하는데 위탁 판매까지 한다는 건 비효율적이라는 이유였다. 괜히 물건이 없어지기라도 하면 곤란하고, 이윤이 얼마 남는 일도 아닌데 엉뚱한 손님들을 상대하느라 본업인 장사도 하지 못한다고 했다. 마지막으로 정면 돌파를 위해 찾아간 휴대 전화 대리점에서도 대부분 거절을 당했다. 이유는 고가의 휴대 전화를 구입하는 고객이 휴대 전화 고리를 보면 서비스로 달라고 요구하기 마련이라는 것이었다.

내가 들은 거절의 이유는 모두 타당했다. 여전히 의욕만 앞섰지 파트너십을 맺고자 하는 업체의 기본 정보나 특성, 고객 심리도 제대로 파악하지 못했으니 당연한 결과가 아닐 수 없다. 몇 곳의 대리점에 제품을 위탁해 오래도록 성과 있게 판매하기도 했지만 결과적으로 위탁 판매 방식은 실패였다. 하지만 실패와 포기는 동의어가 아니다.

절박함은 괴로워도
큰 가르침을 주곤 한다

사람들은 익숙한 길을 좋아한다. 아니, 편안해 한다. 가보지 않은 길에는 기대도 있지만 망설임과 두려움이 앞서 발을 내딛기 쉽지 않다. 익숙한 길을 떠나 낯선 길을 찾는 사람은 변화가 필요한 사람이다. 호기심이든 절박함이든 무언가 바꾸겠다는 마음으로 가 보지 않은 길을 선택하는 것이다.

해피데이의 매출은 형편없었고, 여러 시도들은 계속 실패했다. 더 이상 가게에 앉아 손님을 기다리는 것은 망하는 지름길이라는 사실을 알았기에 나는 절박했고, 뭐라도 해야 했다. 이런 상황에서 우연히 교사였던 아내와 대화하다가 학교에 외부 상인들이 많이 와서 불편하다는 이야기를 듣게 되었다. 교무실에까지 들어와 별의별 물건을 다 파는 모양이었다. 나는 문득 '학교 교무실에 액세서리를 팔러 가면 어떨까?'라는 생각을 했다. 여성의 비중이 높고, 단정한 외모를 유지해야 하며, 주말이 아니면 쇼핑할 시간이 부족한 데다, 일정한 수입이 보장된 선생님들이니 내가 파는 액세서리가 품질 좋은 상품이라는 점만 어필하면 꽤 인기가 있을 것 같았다.

007가방에 교사들이 좋아할 만한 머리핀과 목걸이, 귀걸이 등을 담아 학교로 찾아갔다. 하지만 쉬운 일이 어디 있겠는가? 잡상인 출입 금지라며 정문 수위실에서 쫓겨나기 일쑤였고, 학교 안으로 무사히 들어가더라도 교무실로 들어가는 일은 엄두가 나지 않았다. 서울에 있는 학교는 수위실을 피해 학교 안으로 들어가기가 어려워서 경기 남부와 충청북도, 충청남도의 학교까지 방문했다. 쉬는 시간 10분과 점심시간을 이용해 머리핀을 열심히 팔았다. 수업이 없는 선생님들 앞에 물건을 펼쳐 놓고 팔기도 했다. 어떤 학교에서는 교감 선생님에게 불려 가 호되게 야단을 맞기도 했

호기심이든 절박함이든
무언가 바꾸겠다는 마음으로
가 보지 않은 길을
선택하는 것이다.

지만 장사는 생각보다 짭짤했다. 게다가 선생님들 사이에서 반응이 좋아 행상을 마치고 돌아오면 선생님들의 주문 전화가 매장에 걸려 와 있을 정도였다.

행상은 매장의 부진을 채우고도 남을 정도의 수익을 안겨 주었다. 오히려 매장을 정리하고 행상에만 매달리면 더 많은 돈을 벌 수 있겠다 싶을 정도로 장사가 잘됐다. 하지만 3개월 동안 행상을 하고 보니 이렇게 살아서는 안 되겠다는 생각이 들었다. 창업의 길로 뛰어든 뒤 처음으로 맛보는 작은 성공이었지만 이는 결코 진정한 성공이 아니었던 것이다.

뒤통수를 치는 깨달음과 함께 내가 왜 이 일을 하고 있는지에 대한 반성이 물밀 듯이 밀려왔다. 어떻게 시작한 장사인데 행상으로 버는 돈에 만족한단 말인가? 장사나 돈을 버는 것도 중요하지만 더 소중한 것이 분명히 있는데, 그것을 버리고 이렇게 살아간다는 것이 무슨 의미란 말인가?

나는 내가 왜 장사를 시작했고, 왜 외판과 행상을 시작했는지에 대해 곰곰이 생각해 봤다. 큰 꿈이 담긴 해피데이가 극심한 영업 부진을 이유로 부차적인 일이 될 만큼 내가 행상에 정신을 빼앗겼다는 사실에 스스로도 무척이나 놀랐다. 내가 있어야 할 곳은 교무실이 아니라 해피데이였다.

가 보지 않은 길을 돌고 돌아 정말 가야 할 길, 나의 길이 어딘지 찾은 것이다.

나는 원점으로 돌아와 해피데이를 아주 좋은 반면교사로 삼기로 했다. 어느 것 하나 제대로 준비하지 않은 채 무작정 시작했던 해피데이에서의 경험은 새로운 매장을 어떻게 준비해야 하는지에 대한 모든 방향을 알려 주었다.

처음부터 모든 걸 완벽히 알았다면 좋았을까. 글쎄, 더 효율적이었을지는 모르지만 돌고 돌아 다시 원점이어도 나쁘지 않다. 원점에 선 나이가 30이어도, 50이어도 마찬가지다. 중요한 것은 원점이 아니라 거기 선 내가 어떤 시간을 보내 왔는지, 그래서 어떤 경험치를 갖고 있는지다.

때로는 포기할 줄 아는
용기도 필요한 법

사람들은 저마다 성향을 갖고 있다.『마지막 강의』의 저자인 랜디 포시 교수는 사람들은 어떠한 성향을 타고나며, 그 성향과 태도는 변하기 어렵다는 점을 강조했던 것으로 기억한다. 나는 대체로 포기하지 않는 성향의 사람이라고 생각했다. 그런데 해피데이에 관해서는 대단히 과감하다고 할 수 있을 정도로 빠르게 포기를 했다. 개업을 한 지 10개월 만에 내린 결정이었다.

긴 시간은 아니었지만 많은 기회비용을 투자한 매장을 포기하는 것은 물론 쉽지 않았다. 그러나 분명한 것은 해피데이는 운영할수록 손해가 커지는 가게였다는 것이다. 회수할 수 없는 비용이라는 뜻의 '매몰비용'이라는 경제학 용어가 있는데, 해피데이가 바로 매몰비용에 대해 판단해야 하는 경우였다. 회복할 수 있는 가능성이 있었다면 기회비용이라고 생각하고 더 노력을 했겠지만 1년 가까운 시간은 해피데이에 더 이상의 시간과 돈과 노력을 쏟는 것은 바보짓이라는 사실을 증명해 주었다.

2개월의 계약 기간이 남아 있고 재고도 많았지만 크게 개의치 않기로 했다. 오직 새로운 매장의 성공 요소를 만들어 내는 것에 골몰했다. 목표 고객을 결정하고, 매장의 입지를 적합한 곳에 선정해야 했으며, 차별화된 상품과 이미지를 만들어야 했다. 새로운 도전은 이처럼 전과 달리 핵심 요소에 대한 준비로부터 출발하였다.

성공으로 이어지는 도전은 남들과 다른 나만의 무기 벼리기에서 시작되는 법이다.

서둘러 해피데이를 하나하나 정리해 나갔다. 좋은 위치의 매장을 구하는 것과 해피데이를 신속하게 처분하는 일이 동시에 이뤄져야 했다. 다행히 우선 해피데이 매장을 전대할 수 있었다. 전대란 세입자인 내가 다시 임대를 놓는 것을 말한다. 남은 계약 기간 동안의 임대료 부담을 덜기 위해 전대 계약을 생각했는데, 다행히 나선 사람이 있었다. 1999년 초의 경제 상황은 매우 심각해서 이대입구 지역뿐 아니라 거의 모든 유명 상권에서 영업 부진으로 인한 매물이 쏟아져 나올 때라 새로운 매장을 구하는 것보다 해피데이 정리가 문제였는데 전대 계약으로 짐을 덜 수 있었다. 전대 조건은 보증금 없이 임대료 두 달 치와 약간의 비용을 선불로 받는 것이었다.

전대 계약을 마친 후 바로 점포 정리 세일에 들어갔다. 다시 액세서리 전문점을 할 계획이었지만 해피데이의 물건을 새로운 매장에서 팔 생각은 전혀 없었다. 해피데이의 물건들을 새로운 매장에서 판다는 것은 해피데이의 그늘에서 벗어나지 못하게 된다는 의미가 아니겠는가?

얼마 뒤 나는 아주 마음에 드는 매장 하나를 발견해서 큰 관심을 가지고 보게 되었다. 이대입구 3번 출구에서 이대 정문으로 이어지는 대로변에 위치한 곳이었다. 원래 구두 가게였는데 역시 영업 부진을 겪어 매물로 나와 있던 점포였다. 정상적인 상황이었다면 큰 금액의 권리금이 오고 갔을 곳인데 동시에 쏟아져 나온 매물들 때문에 권리금을 포기한 매장들이 많았고 나는 권리금 없이 6평짜리 매장을 계약할 수 있었다.

이후 이곳은 '인다' 이대점이 18년간 위치하며 수많은 좋은 일을 경험케 해 준 내 삶의 소중한 일터가 되었다. 한때 권리금을 일억 이천만 원이나 주겠으니 매장을 넘기라고 제안하는 사람들이 있었을 정도로 좋은 입지였다. 그런 곳에서 새로운 매장을 시작하게 되었으니 해피데이를 빠르게 포기한 것과 액세서리를 포기하지 않은 것이 내게는 운 좋은 선택이 되었던 것이다.

좋은 운은
만들어지는 것 아닐까?

　구글에서 '운 좋은 사람'을 검색하니 약 이천만 건의 결과가 검색된다. 왜 이렇게 많이 검색되는지 알 수 없으나 운 좋은 사람이 되는 방법을 궁금해하는 사람들이 내가 생각했던 것보다 훨씬 많은 모양이다.

　나는 운이 좋은 사람이다. 많은 일을 긍정적으로 생각하고 적극적으로 도전하는 편이기도 하지만, 나에게 필요한 무언가가 늘 적절할 때 주어졌다는 점에서 그렇다. 마음에 드는 매장을 계약한 것이나 해피데이를 쉽게 정리할 수 있었던 것, 오천만 원의 창업 자금을 대출받을 수 있었던 것도 나에게는 모두 행운이었다. 외환 위기의 여파를 조금이라도 줄이기 위해 정부의 각 기관들은 일정한 자격 요건을 갖춘 사람들에게 창업 자금을 대출해 줬는데 나도 그 대상에 포함되었다.

특히 운이 좋았던 것은 해피데이를 정리하기 직전에 핸드메이드 액세서리 디자이너를 만났다는 사실이다. 해피데이를 운영하면서 좋은 상품, 남들과 차별화된 상품에 대한 필요를 절감한 나에게 핸드메이드 액세서리 디자이너는 구세주나 다름없었다. 그의 상품 수준은 시중에서 판매되는 것들과는 비교할 수 없을 정도로 뛰어나고 독창적이었다. 게다가 그 디자이너를 통해 여러 명의 핸드메이드 액세서리 디자이너들이 함께 일하는 팀도 만날 수 있었으니 나는 정말 운이 좋은 사람이라고 말할 수밖에 없다.

액세서리 전문점을 운영하면서 악전고투를 하고 있던 나에게 핸드메이드 액세서리 디자이너는 많은 조언을 해 줄 수 있는 경험자였다. 액세서리 시장의 전반적인 흐름도 알고 있고, 트렌드도 정확히 파악하고 있는 전문가였기에 디자이너는 나에게 새로운 희망과도 같았다. 그야말로 멘토를 만난 느낌이었다. 해피데이를 정리하고 새로운 매장을 본격

'어느 구름에 비 들어 있는지
아무도 모른다.'

적으로 꾸미면서 핸드메이드 상품을 준비하기 시작했다. 새로운 매장을 채울 상품들을 만들어야 했기 때문에 많은 수량의 상품들이 필요했고, 디자이너들은 바쁘게 상품을 만들기 시작했다.

나와 핸드메이드 액세서리 디자이너와의 관계는 고용관계가 아니라 파트너십 관계였다. 디자이너가 만든 상품을 내가 구매해서 파는, 그야말로 서로 부담 없이 장점을 살릴 수 있는 윈윈(win-win) 관계였던 것이다. 핸드메이드 액세서리 디자이너들은 좋은 물건을 감각적으로 잘 만들지만 판로가 없는 것이 가장 큰 어려움이었는데, 입지 좋은 매장과 파트너십 관계를 갖는 것은 그들에게도 무척이나 좋은 일이었다.

해피데이를 운영하면서 가장 취약했던 상품 관련 문제가 상당 부분 해결되고 있었다. 자연히 다른 성공 요소를 준비할 여유가 생겼다. 매장의 위치가 중요한 액세서리 전문점을 계획하면서 이대입구 대로변에 있는 매장을 계약하고 차별화된 상품을 준비하고 있다는 것은 일정한 성공 요소를 갖췄다는 뜻이었다. 해피데이와는 근본적으로 다른 새로운 도전이 본격적으로 시작된 셈이었다.

'어느 구름에 비 들어 있는지 아무도 모른다.'는 속담이 있다. 농사를 짓고 살던 시절에 비는 귀한 존재였으니 언제 찾아올지 모르는 비처럼 귀한 인연을 만나려면 어떤 인연이든 소홀히 하지 말고 소중한 인연을 잘 이어 가라는 뜻이리라. 인연뿐만 아니라 모든 일에 해당되는 말일 것 같다.

그러고 보면 운이 좋은 사람은 운이 좋은 이유가 있는 것 아닐까?

몇 번이고 넘어져도
다시 일어나는 '단단함'

눈사람을 만들어 본 적이 있는가? 눈사람을 만들려면 단단한 코어(core)를 만들어야 한다. 눈사람에 코어라니, 너무 거창한 것 아니냐고 생각할지 모르지만 정말 그렇다. 코어를 단단하게 만들지 않으면 아무리 눈덩이를 키우려 해도 부서지기 일쑤다. 반면 코어를 단단하게 만들면 수월하게, 아니 걷잡을 수 없이 눈덩이가 커지기 시작한다. 장사도 그렇다.

적당히 눈을 뭉쳐서 눈사람을 만들 수 없는 것처럼 적당히 준비한 가게가 성공하는 것은 불가능에 가깝다.

그러나 단단하게 준비된 가게는 눈덩이 같아서 사소한 문제들이 있어도 잘 굴러간다.

새로 오픈한 매장의 이름은 '인다'였다. 인다(indah)는 아름답다는 뜻의 인도네시아어인데 발리에서 2년 반 동안 근무했던 경험이 있어 지을 수 있었던 이름이다. 처음부터 인다라는 이름은 아니었다. 〈올리비에 올리비에〉라는 영화가 있었는데 이름이 예쁘고 느낌이 좋아 동명의 상호로 개업을 했다. 그런데 알고 보니 '올리비에'라는 이름의 유명한 액세서리 브랜드가 이미 있어서 급하게 이름을 바꿀 수밖에 없었다. 고객들이 착각을 할 수도 있고, 쉽게 부르기에는 조금 긴 이름이기도 했다. 이미 개업한 매장의 이름을 바꾸는 것은 간판도 바꾸고, 인쇄물도 다시 만들어야 하는 등 간단하지 않은 문제였지만 잘 굴러가는 가게에는 걸림돌이 되지 않았다. 인다는 정식으로 매장을 오픈하기 전부터 문밖에서 노크를 하며 문을 열어 달라는 손님들이 있을 정도로 문전성시를 이루었다.

독특하고 예쁜 핸드메이드 액세서리와 어디에서도 보기 어려운 블랙 톤의 고급스러운 인테리어를 한 인다 매장은 학생들 사이에 금세 소문이 났다. 잘 준비된 매장의 경쾌한 출발이었다. 매장 오픈 초기에는 6평짜리 작은 가게에 5명이나 일을 해야 했을 정도로 하루 종일 손님이 가득 차서 고객들이 물건을 구경하고 사기가 어려울 정도였다. 눈사람 이야기를 했었는데, 인다는 눈덩이 커지는 것처럼 좋은 일이 많이 생겼다.

해피데이를 운영할 때는 무슨 일을 해도 안 되더니 인다는 아무것도 하지 않은 것 같은데도 좋은 일이 이어졌다. 당시 나는 다른 액세서리 매장과의 차별화를 위해 곱창 밴드라 불리는 머리끈과 머리띠를 특별히 제작한 대형 아크릴 박스에 세트로 진열했었다. 독특하고 고급스럽게 진열된 상품들은 고객들의 시선을 사로잡았고, 때마침 인기 드라마 〈토마토〉에서 김희선이 곱창 밴드를 하고 나와 이 세트가 날개 돋친 듯 팔려 나갔다. 게다가 운 좋게도 인다 매장 옆에 있던 '무크'라는 브랜드 매장에서 〈토마토〉를 촬영했는데, 주연 배우인 김희선이 인다에 들러 잠시 숨을 돌리곤 했다. 여대생이 동경할 만한 인기 절정의 스타가 우리 매장에서 판매하는 주력 상품과 유사한 액세서리를 하고, 바로 옆에서 드라마를 촬영하며 매장을 드나드는 행운은 누구에게나 찾아오는 일이 아닌데 인다는 특별한 경험을 했던 것이다. 다른 소소한 좋은 일도 참 많았다. 처음 오픈하면서부터 유명세를 타기 시작한 인다는 각종 잡지와 주간 신문 등에 소개되면서 인기를 더해 갔고, 외환 위기의 불황이 점점 깊어지던 시절이었지만 보란 듯이 성공 가도를 달리고 있었다.

매장이 안정되고 평온한 날들이 이어졌지만 나는 '고생 끝, 행복 시작!'이라고 외치지 않았다. 혹독한 외환 위기 사태를 겪으며 내가 얼마나 쉽게 무너졌던가? 세상이 내 의지와 무관하게 내 삶을 뿌리째 뒤흔들 수 있다는 사실을 얼마나 아프게 절감했던가? 나는 내가 발을 딛고 선 자리가 아직 깊게 뿌리내린 자리가 아니라는 것을 잊지 않기 위해 노력했다. 언제 다시 나에게 갑작스러운 변화가 찾아올지 모르기에 세상모르고 자는 강아지처럼 깊고 평온한 시간을 누릴 수는 없었던 것이다.

만남은 찰나,
기억은 영원히

딸인 작은아이는 아빠와 목욕탕을 다녔다. 매주 일요일 오전에 가족들이 목욕탕을 갔었는데, 오빠와 함께 엄마에게 '메롱~'을 날리며 남탕으로 따라오곤 했다. 유치원 남자 친구들을 남탕에서 만나는 것을 부끄러워하기 전까지 그랬다. 지금은 여자아이가 남탕에 오는 일이 거의 없지만 당시만 해도 그리 드문 일이 아니었다. 아빠인 내게는 그때만 할 수 있었던 소중한 기억으로 남아 있고, 아이 역시 아빠를 생각하면 떠올릴 만한 추억일 듯하다. 딸아이는 입시 준비가 한창이던 고3 때도 방학이면 금요일마다 항상 엄마, 아빠와 함께 심야 영화를 관람했다. 수험생이니 그 시간에 공부를 하라고 말하지 않고, 오히려 따라나서지 않겠다고 하면 달래서 꼭 데리고 다녔다. 이런 반복이 강력한 기억으로 남아 먼 훗날에도 우리를 생각하면 떠오르길 바랐기 때문이다.

인다도 고객에게 그런 특별하고 기분 좋은 기억을 남겼으면 했다. 나는 직원들에게 인다는 물건과 함께 추억을 파는 곳이지, 단순하게 액세서리를 파는 곳이 아니라고 강조했다. 나 역시도 그 목표를 잊지 않으려는 다짐으로 반복해서 교육을 했다. 아무리 독특하고 예쁜 액세서리라도 그것만으로는 고객의 요구를 충족할 수 없다고 생각했다. 꼭 인다의 액세서리가 아니라도 예쁘고 독특한 액세서리를 판매하는 곳이 있을 텐데 굳이 인다를 다시 찾을 이유가 무엇이란 말인가?

인다 이대점은 무려 18년을 같은 자리에서 영업하면서 한때 이대입구에서 가장 오래된 매장으로 이름을 날렸다. 인다는 신입생이었던 고객이 학교를 졸업하고, 유학을 다녀오고, 결혼을 하고 나서도 찾는 매장이었다. 한국을 자주 찾으며 인다의 단골이 된 외국인 고객들도 더러 있었을 정도로 많은 사랑을 받았다. 인다만의 정체성을 잃지 않고 언제

방문해도 만족스럽다는 인상과 서비스를 제공하기 위해 노력했던 것이 그 이유가 아니었을까 싶다.

인다의 단골 고객들은 인다를 작지만 예쁘고 고급스러운 곳으로 기억한다. 전면이 2미터가 채 안 되는 작은 매장이었지만 안쪽으로 10미터가 넘는 직사각형 매장을 블랙 톤으로 꾸민 것이 주효했다. 블랙 톤의 매장에서 할로겐 조명의 빛을 받아 반짝이는 액세서리는 더욱 고급스러워 보였다. 사실 블랙 톤으로 인테리어를 하는 것은 큰 모험이었지만 고객들에게 강렬한 인상을 남기며 고급스러운 매장이라는 기억을 심어 주었다. 인다는 '심플하고 고급스러운'이라는 메인 콘셉트로 운영됐는데, 오프라인 매장을 모두 폐점할 때까지 그 정체성을 유지했다. 매장이나 브랜드의 인상은 운영자나 직원들이 고민할 영역이지 고객들에게 그렇게 기억해 달라고 말할 수 있는 것이 아니었지만, 고객들이 무의식중에 크게 느꼈다는 점에서 소기의 성과를 거둔 셈이다.

고객들은 인다 하면 떠오르는 가장 큰 기억으로 수선 서비스를 꼽는다. 인다가 처음 오픈한 1999년만 하더라도 헤어 액세서리는 고장이 나면 그냥 버리거나 책상 서랍에 처박아

두는 물건이었다. 그러나 인다는 다른 매장과 차별화된 고객 서비스와 상품에 대한 자부심으로 헤어 액세서리 수선 서비스를 제공했다. 심지어는 인다가 아닌 다른 곳에서 구입한 액세서리까지 수리해 주었을 정도로 열린 서비스에 고객들은 매우 만족했다. 방송 프로그램에까지 소개되며 인다에 유명세를 더했고, 블로그를 통해 헤어 액세서리를 수리하려고 문의하는 사람들도 많았다. 인다의 액세서리는 고장나면 고쳐서 사용할 수 있다는 믿음은 인다에 대한 브랜드 신뢰도를 크게 높이며 롱런의 디딤돌이 되었다.

인다의 또 다른 트레이드마크는 적립 카드였다. 단골 고객에게 보답하려는 마음에 당시만 해도 흔하지 않던 마그네틱 카드를 이용한 적립 제도를 운영했다. 인다의 것이니만큼 카드 자체를 예쁘고 고급스럽게 디자인했고, 2~3%의 형식적인 적립이 아니라 구매 금액의 10%라는 파격적인 적립률을 제공했다. 적립금을 모아 놓고도 막상 사용할 때 팬스레 미안해하는 고객들에게 오히려 감사한 일임을 전하고 싶어 수입산 고급 빗이나 거울 등의 선물까지 증정했다. 많은 고객들이 인다의 적립 카드를 가지고 있다는 사실을 기억하면서 필요한 것이 있거나 선물이 필요할 때 자주 인다를 찾아 주었으니 고객을 위한 서비스가 운영자인 나 또한 이롭게 했다.

질 좋은 물건과 함께 추억을 파는, 오래도록 정체성을 잃지 않고 진심으로 고객을 위한 서비스를 제공하고자 노력한 곳.

인다는 이런 곳이었다. 18년간 영업하던 인다 이대점이 폐점할 때 너무나 아쉬워하던 고객들의 모습이 떠오른다. 인다 로드 숍은 이제 없지만, 나의 바람처럼 인다를 기억하는 이들에게 감사를 보내고 싶다.

흔들림 없이,
당신의 노동과 열정을 믿어라

거안사위(居安思危)라는 말이 있다. 편안할 때도 위태로울 때의 일을 생각하여 대비하라는 의미의 사자성어이다. 이 말처럼 외환 위기로 혹독한 시련을 당했던 나는 인다가 안정적으로 운영되는 상태에도 마음이 편하지 않았다. 나는 IMF 사태가 불러온 큰 부작용 중의 하나가 바로 대한민국 국민들에게 미래에 대한 두려움을 심어 준 일이라고 생각한다. 지금 좋은 모습으로 있거나 그렇지 않거나 미래를 '불안한 무엇'으로 느끼며 살아야 한다는 것은 얼마나 불행한 일인가. 나는 IMF 이후 항상 긴장하며 나에게 닥칠 수도 있는 미래의 일에 대해 두려움을 가지는 사람이 되고 말았다.

지금은 잘나가는 인다지만 언제까지나 잘나간다는 보장이 없다는 것에 대한 두려움이었다.

인다는 몇 년째 안정적인 모습으로 만족할 만한 성과를 내고 있었지만 미래에 대한 고민은 깊어지기만 했다. '내가 언제까지 젊은 여성들을 상대로 이 일을 할 수 있을까?'라는 근본적인 의문이 들었다. 곧 마흔을 바라보는 남자가 얼마나 더 감각을 발휘해 이 일을 계속할 수 있을지 걱정되었다. 간혹 액세서리를 착용해 보는 여성 고객들이 불편해하는 것을 느끼기도 했다. 아무래도 팔을 올리고 머리를 묶다 보면 민망한 경우가 발생하기도 하는데, 여자 사장이라면 이런 불편함을 느끼지는 않을 것 같았다.

고민이 깊어졌지만 인다는 시간이 갈수록 유명한 매장이 되었다. 벤치마킹을 위해 인다를 방문하는 사람들도 늘었고, 가맹점을 내줄 수 없냐고 제안하는 사람들도 많았다. 상상조차 해 보지 않은 일이었지만 수차례 제안을 받다 보니 '내가 가맹점을 내지 못할 이유가 뭔가?'라는 생각이 들었다. 가맹 사업을 하기 전에 직영점을 하나 더 오픈하고, 그 경험을 살려서 가맹 사업을 해 보는 것이 좋겠다는 생각이 들었다.

알다시피 나는 실행이 빠르다. 마음을 먹으면 망설이지 않는다. 2호점은 오래전부터 관심이 있었던 신촌에 내기로 결정했다. 가장 큰 문제는 매장을 구하는 일이었다. 당시 신촌 대로변에 위치한 매장들의 권리금은 상상하기 어려운 큰 금액이었다. 장사를 해 보지 않으면 도저히 이해할 수 없는 큰돈이 권리금으로 오가는데, 인다 신촌점은 계약 평수 8평에 불과한 작은 매장이었지만 권리금을 3억 원이나 지불하고 계약했다. 보증금과 물품대, 인테리어 비용 등을 계산하면 마포에 한강이 보이는 40평대 아파트를 살 수 있는 엄청난 자금이 투자되는 일이었지만 거침없이 신촌점 오픈을 진행했다.

시간이 지나고 난 후의 이야기지만 당시 지인들은 나의 선택과 추진력에 입을 다물지 못할 정도로 놀랐다고 한다. 그만큼 나는 신촌점을 열겠다는 나의 결정을 빠르고 강하게 밀어붙였다. 그러나 결과적으로 이 선택의 손익 계산은 나만이 할 수 있는 복잡한 것이 되었다. 신촌점 오픈을 위해 큰 부채를 졌고, 그 부채를 갚기 위해 마포의 아파트를 팔기도 했으니 말이다. 신촌점을 열 돈으로 아파트를 구입했다면 지금 나는 아마 주머니에 더 많은 돈을 가지고 있었을지도 모른다. 부동산 불패 공화국인 대한민국에서 집을 팔아 장사를 하다니, 정신 나간 사람이라는 평가를 받을지도 모를 일이다.

그러나 나는 최고의 재테크는 자신의 일에서 승부를 보는 것이라는 믿음을 가지고 있다. 부동산이나 금융 자산으로 부를 보다 쉽게 늘릴 수도 있었을지 모르겠지만 나는 나의 노동과 나의 열정을 믿는 사람이다.

좌고우면(左顧右眄)하지 않고 자신의 자리에서 최선을 다하면 반드시 좋은 결과가 나온다고 보장할 수는 없을지라도 얻을 수 있는 최고의 결과가 나오는 것은 분명하다. 가장 높은 승률의 재테크는 본업이다.

중년일수록
유행에 민감하라

인다는 여러모로 탁월한 액세서리 전문점이었다. 김선 아 주연의 〈S 다이어리〉라는 영화를 시작으로 약 30여 편의 영화와 드라마에 협찬을 했다. 뿐만 아니라 다양한 잡지와 신문, 방송 등의 대중 매체에 소개가 된 유명한 매장이었다. 심지어 외국의 여행 잡지, 한국을 소개하는 신문 기사, 한일 노선의 기내지에도 소개되었다. 일본에서 유명한 여행 책자 에 매년 업데이트되기도 했을 정도니 인다를 찾는 고객들의 발걸음이 얼마나 다양하고 많았을지 짐작이 될 것이다.

인다 이대점이 오픈한 1999년부터 이천 년대 초반까지 만 하더라도 인터넷 쇼핑몰이 활성화되지 않았던 시기라 방학이면 유학생들이 잡지에 소개된 인다의 머리핀 사진을 오려 매장으로 찾아오곤 했다. 가족을 통해 잡지에 소개된 액세서리를 구입해서 보내 달라는 요청을 하기도 했고, 다시 출국하기 전에 인다에 들러서 선물할 액세서리를 구입하기도 했다.

이를 본 나는 새로운 모색을 시작했다. 새로운 밀레니엄을 맞아 온라인 영토에도 깃발을 세우자는 생각으로 인터넷 쇼핑몰에 도전한 것이다. 관련 지식은 없었지만 인터넷 쇼핑의 시대가 올 것을 감각으로 느꼈던 것 같다. 지인에게 부탁해 한 달 임대료도 넘는 큰 금액을 지출하며 홈페이지를 만들었다. 화소 수가 떨어지는 디지털 카메라로 제품 사진을 찍었더니 사진의 퀄리티가 너무 낮아 사진 파일을 만져 줄 프리랜서를 구하는 등 허둥지둥했다. 그렇게 만든 인다의 첫 홈페이지는 사진이나 구성이 형편없고 기능도 별로인 쇼핑몰이었다. 그런데 신기하게도 하루에 3~4만 원의 주문이 꾸준하게 들어왔다. 홍보도 전혀 하지 않았는데도 말이다. 2000년에 이런 쇼핑몰을 운영했다는 것은 대단히 발빠른 선택이었고, 그 가능성을 확인할 수 있었다. 그런데 애석하게도 쇼핑몰을 만들었던 지인이 외국으로 떠나고, 여러 차례 해킹까지 되면서 쇼핑몰을 포기하게 되었다. 당시에는 경쟁자도 거의 없었고, 잘 알려진 오프라인 매장을 기반으로 했던 만큼 조금만 신경을 썼어도 인터넷 쇼핑몰 선발 주자로 자리 잡았을 텐데 지금 생각하면 아쉬움이 매우 크다.

온라인 영토에 깃발을 세우려는 내 노력은 이후에도 계속되었다. 신촌점을 오픈한 후 2004년에 프로그램과 디자인, 그리고 기획까지 할 수 있는 전문가 후배들이 쇼핑몰 운영을 제안했다. 첫 번째 쇼핑몰이 실패한 지 4년 만에 두 번째 쇼핑몰 제작과 운영이 시작되었다. 첫 번째 쇼핑몰과는 차원이 다른 수준 높은 쇼핑몰이었지만 4년 사이에 인터넷 쇼핑몰 시장의 환경은 엄청나게 변해 있었다. 수많은 쇼핑몰들이 치열한 경쟁을 벌이는 레드 오션이 되어 있었던 것이다. 홈페이지 운영을 대행해 주는 전문가 그룹과 파트너십이 유지되기 위해서는 일정한 매출을 올려야 하는데, 매출은 기대 이하였다. 치열한 경쟁이 벌어지는 시장에서 효과적인 대응을 하지 못하고 두 번째 쇼핑몰도 그렇게 실패하고 말았다.

그래도 나는 포기하지 않았다. 2009년에 다시 온라인 쇼핑몰 운영에 도전했다. 쇼핑몰을 전담하는 직원을 고용할 만큼 만반의 준비를 했다. 그러나 진입 장벽이 너무 높았다. 막강한 오프라인 매장과 수백만 명이 다녀간 내 블로그의 강력한 지원을 받았지만 세 번째 쇼핑몰도 뚜렷한 성과를 내지 못했다. 여러 차례 리뉴얼을 거듭했으나 손익 분기점을 한 번도 넘겨 보지 못하고 세 번째 시도 역시 실패로 끝나고 말았다.

대량 유통 위주의 사업으로 완전히 전환한 지금은 쇼핑몰 대신 법인과 제품을 소개할 목적의 홈페이지만 운영하고 있다. 2018년에만 제조자가 ㈜인다디에스로 표기된 생산품이 600만 개 이상 유통되었고, 액세서리 유통에 관심 있는 기업과 사람들이 검색을 많이 하기 때문이다. 하지만 온라인 영토에 깃발을 세우겠다는 나의 목표가 사라진 것은 아니다. 바야흐로 인터넷의 시대 아닌가.

사업체는 시대의 조류와 시장 환경에 맞추어 지속 가능한 생존법을 모색해야 하는 유기체이다.

사업체뿐 아니라 사람도 마찬가지다. 종종 유행에 휩쓸리기 싫다는 동년배들을 본다. 그렇게 말하는 데는 나름의 이유가 있을 것이다. 그런데 그 속사정에 변화에 대한 막연한 거부감, 새로운 것을 알아보고자 하지 않는 게으름이 깔려 있다면 곤란하다. 사업도 인생도 발 빠르고 유연해야 더 잘 굴러간다.

아무리 어려워도
세상의 변화를 외면 마라

   무엇이든 변하기 마련이다. 그중 가장 빨리 변하는 것이 세상인 것 같다. 나의 아버지는 1936년 태어나 일제 강점기부터 한국 전쟁을 지나 정치, 경제, 사회가 모두 급변한 고도성장기의 대한민국을 모두 경험하고 2018년에 작고하셨다. 얼마나 변화무쌍한 삶이었을 것이며, 상전벽해인 세상을 보셨을까. 그런데 내가 살아가는 세상은 아버지가 경험한 세상보다 훨씬 복잡하고 빠른 속도로 변하는 듯하다. 기술 발달로 손안에 컴퓨터를 쥐고 다니는 세상이 되었고, 나는 변화의 속도를 도저히 따라가기 어렵게 되었다. 누군가는 이렇게 말한다. 길목에 미리 가서 기다리라고. 나도 그렇게 하고 싶다. 그러나 능력 밖의 일도 있는 법이다.

　인다 이대점의 성공에 힘입어 인다 신촌점을 연 이후 인다에는 많은 변화가 생겼다. 직원의 숫자가 늘어났고, 신경 쓸 일도 많아졌다. 인다 이대점과 신촌점은 손님이 많았다. 좋은 일들도 계속 이어지는 듯했다. 30여 편의 영화와 드라마에 협찬을 했고, 〈무한지대 큐〉나 〈생방송 투데이〉 같은 인기 있는 방송 프로그램에도 여러 차례 출연했다. 영등포와 조선족 동포들이 많이 사는 중국 연길에 인다 가맹점이 생겼고, 하얼빈에 직영점을 열어 10년 가까이 운영하기도 했으니 인다는 분명 다양한 방식으로 활동 반경을 넓히고 있었다. 프랜차이즈 박람회에 부스를 열어 참가하기도 했었다. 개인이 운영하는 가게에서 할 수 있는 최대한이라고 생각되는 일들을 거침없이 진행했던 것이다.

　그런데 나는 변화의 속도를 따라가지 못하고 있었다. 변화의 방향을 쳐다보고 있었지만 따라가는 것은 다른 문제였다. 이대입구나 신촌은 유명 상권이었다. 예전에는 서울 지역 유명 상권에서 친구를 만나고 식사를 하고 쇼핑을 하는 것이 일반적이었다. 그런데 새로운 밀레니엄을 맞으며 환경이 급변하기 시작했다. 도심의 유명 상권과 비슷한 환경을 누릴 수 있는 부심들이 성장하며 굳이 귀찮게 이대나 신촌으로 놀러 나오지 않아도 되는 시대가 열린 것이다. 그렇게 도심 유명 상권이 흔들렸다. 특히 판매업의 변화는 놀라울 정도였고 로드 숍은 고전하기 시작했다. 예전에는 없었던 판매 방식으로 물건을 파는 기업들마저 쏟아져 나오기 시작했다. 조 단위의 매출을 올리는 인터넷 상거래 기업이 등장하기 시작했고, 인터넷 쇼핑몰 시장이 덩치를 키워 갔다. 인다는 이제 이대와 신촌만이 아니라 수없이 다양한 마켓 플레이스와 경쟁해야 했다.

물론 나는 최선을 다했다. 언제나처럼 할 수 있는 한 최대로 노력하며 나의 일을 해 왔지만 내가 처한 환경은 놀랍게 변하고 있었다. 다양한 활동을 하며 누군가에게 자랑하기 좋은 일을 계속했지만 내가 체감하는 인다는 고사(枯死)하고 있었다. 말라 죽어 가고 있었던 것이다. 인건비와 임대료가 올라가는 속도는 마치 하늘을 향해 화살을 쏜 듯한 느낌이었고, 점점 줄어드는 매출은 바닥을 뚫고 지하로 내려가는 것 같았다. 매출은 계속 줄고 지출은 계속 늘어나는데 이것을 피할 방법을 찾는 것이 쉬운 일인가?

이 모든 일들은 인다를 오픈한 1999년부터 인다 이대점을 폐점한 2016년까지 18년간 일어난 이야기이다. 18년은 그다지 짧지 않은 시간이다. 그런데도 이처럼 짧게 요약한 이유는 나 개인의 크고 작은 시도, 성공과 실패보다 더 중요한 것이 있다는 것을 말하고 싶었기 때문이다. 대한민국은 많은 자영업자들의 무덤이다. 나는 운이 좋은 편이었지만 인다가 개업하고 폐점하기까지의 18년은 대한민국 자영업이 몰락하는 시기였다. 지금도 다르지 않다. 세상의 변화는 일개 자영업자가 따라가기에 너무 빠르고, 대부분 서서히 말라 죽고 말 확률이 지배적이다. 나는 아주 뻬어나고 유난히 운이 좋은 개인의 성공담은 듣고 싶지 않다.

자영업자 개인이 능력과 열의, 노력의 삼박자를 갖추었음에도 실패로 귀결되고 마는 환경적인 부조리가 분명 존재한다.

그런 이들이 대체로 생존하고, 더 많이 성공하도록 사회적 시스템이 보완되지 않는다면 자영업은 영영 몰락하고 말것이다. 창업과 사업 유지의 성패 이유를 외부에서만 찾으면 안 되겠지만, 거시적이고 객관적으로 시류를 읽고, 시스템의 문제를 고민하며, 필요시 함께 행동하는 것 또한 자영업자가 할 일이다.

사업에서 현상 유지는
퇴보의 길일 뿐

받아 둔 날은 금방 온다. 엊그제 입대한 것 같았던 아들은 벌써 제대를 했고, 수험생으로 애를 썼던 작은아이는 대학생이 되었다. 차일피일 미루거나 '어…어….' 하다 보면 어느새 받아 둔 날이 온다.

당장은 치명적이지 않지만 이게 아닌데 싶은 상황이 반복되면 과감하게 다른 선택을 해야 하는 것이 맞다. 그런데 과감한 선택을 하는 것은 언제나 어렵다. 냄비 속 개구리와 같은 상황을 맞는 것이다. 언젠가 매출보다 지출이 더 많아질 상황을 예견하면서 일을 하는 것은 힘든 일이었다. 나는 또다시 고통스러운 불면의 밤을 보내야 했다.

3억 원의 권리금을 주고 계약한 신촌점의 상황은 더욱 급격히 나빠졌다. 평당 월 임대료가 70만 원에 이르는 매장에서 도대체 얼마의 액세서리를 팔아야 할까? 인다 신촌점의 권리금과 보증금, 그리고 월 임대료를 환산 보증금으로 따지면 평당 1억 원이 넘었다. 이렇게 비싼 임대료를 내고 인건비를 지출하면서 버티는 것이 얼마나 어려운 일이었겠는가? 곧 한계가 왔고 나는 조용히 인다 신촌점을 매물로 내놓고 새로운 활로를 찾아야 했다. 1998년 처음 해피데이를 시작할 때와 같은 절실한 마음으로 고민을 시작했다.

나는 2006년까지만 해도 로드 숍을 고집했었다. 고급 헤어 액세서리 브랜드로서 틈새시장을 뚫고 전국적으로 30곳 정도의 유명 상권에 인다 브랜드로 승부를 걸 수 있을 것이라 생각했다. 그러나 시장의 상황은 빠른 속도로 변화했고, 나의 생각이 틀렸음을 알려 주었다. 거대한 인터넷 기업들의 약진은 대부분의 판매업에 직접적인 영향을 끼쳤다. 유통 방식의 변화 속에서 로드 숍은 고전할 수밖에 없었다.

예를 들면 이런 것이다. 인다에는 남성을 타깃으로 한

머리띠가 있었다. 운동을 하거나 머리카락이 긴 남성이 실용적으로 사용할 수 있는 제품인데, 필요하다고 해도 매장에 와서 선뜻 구매하는 남성은 거의 없었다. 여자 친구와 함께 와서 사 가거나 여자 친구나 부인이 선물로 구입하는 경우가 대부분이었다. 그런데 온라인 쇼핑몰이라면 부담 없이 직접 구입할 수 있다. 누구의 눈치도 보지 않고 쉽고, 간단하고, 저렴하게 구입할 수 있는 것이다. 가격 비교가 가능한 거의 모든 제품은 인터넷으로 구입하는 것이 저렴하고 편한 경우가 많다. 남성이 멋쩍음을 무릅쓰고 직접 액세서리 전문점을 기웃거리며 남성용 머리띠를 구입할 필요가 없는 것이다.

매출 부진의 원인을 온라인 쇼핑몰이나 인터넷 기업의 약진으로만 설명할 수 있는 것은 아니겠지만 치명적인 타격을 입은 것은 분명했다. 로드 숍이 예전 같은 활기를 찾기가 어렵다는 판단하에 나는 다양한 대안을 찾기 시작했다. 내가 고객을 직접 상대하지 않더라도 판매가 가능한 방식에 대한 고민이었다. 이것은 해피데이가 고전하던 1998년부터 고민했던 오래된 숙제였다. 내가 쉬는 시간에도 물건을 팔

내가 가장 두려운 것은
아무것도 하지 않는 것이다.

수 있다는 것은 매력적인 일이다. 온라인 쇼핑몰이 됐든 다른 방식의 판매가 됐든 말이다.

내가 가장 두려운 것은 아무것도 하지 않는 것이다. 급변하는 환경 속에서 가만히 있는 것은 그 자체로 퇴보하는 일이 아닌가.

나는 현상 유지란 없다고 생각한다. 말이 좋아서 현상 유지이지 이것은 답보고, 답보는 퇴보의 예고일 뿐이다. 로드 숍 인다에 변화가 필요한 시간이 왔다.

어쨌든 두드려 봐야
열릴지 말지 아는 법!

다시 길 위에 섰다. 가 보지 않은 길 앞에 서서 다른 길을 향해 출발한 것이다. 나는 트렌드에 민감할 수밖에 없는 헤어 액세서리를 전문적으로 판매하는 매장을 운영해 왔지만 소비재 개념의 액세서리에 깊은 관심을 가졌었고, 다양한 채널에서 판매해도 좋을 구성으로 제품을 만들어 인다에서 판매하고 있었다. 즉, 고무줄이나 실핀, 똑딱핀 등 패션이 가미되지 않은 소비재 개념의 액세서리들을 단일 가격에 판매할 수 있는 구성으로 만든 후 다양한 크기의 포장재를 인쇄하여 고급스러운 세트로 만들었던 것이다. 대형 유통 업체가 아닌 소매점에서 이런 방식으로 제품을 구성하고 판매하는 것은 비용 부담 때문에 힘들거니와 대단히 선도적인 시도이기도 했다. 인다는 이미 오래전부터 이런 준비가 되어 있었기 때문에 대량 유통에 도전해도 좋겠다는 생각이 들었다.

나는 대량 유통, 기업 간 거래를 목표로 여러 가지 준비를 시작했다. 가장 먼저 한 일은 나 개인이 운영하던 인다를 법인으로 전환하는 것이었다. 법인 전환은 세무 관계나 영업 활동 등 득실을 따져 보니 꼭 필요한 일이었고 2009년을 맞아 '㈜인다디에스'라는 이름의 법인을 설립했다. 법인명도 부르기 쉽고 간결한 인다로 하고 싶었지만 여의치 않아 다소 낯선 이름으로 등록하게 됐다. 인다디에스는 아름답다는 뜻의 인도네시아어 '인다'에 디자인의 어원이 되는 라틴어 'designare'의 'DS'를 따와 붙인 것이다. 아름다움을 계획하거나 성취한다는 좋은 뜻의 이름인데 직관적으로 전달되지는 않는 것 같아 아쉽다.

법인 설립 후 나는 거래를 하고 싶은 기업들의 목록을 정리했다. 롯데쇼핑, 이마트와 같은 대형 유통 업체와 편의점 프랜차이즈, 그리고 다이소와 같은 곳을 목표로 정했는

데 이것은 개구리가 "나 저 공룡과 손잡을래."라고 하는 것
과 같은 것이었다. 대량 제조와 유통의 경험이 없는 신설 법
인이 이런 대기업과 거래를 하겠다고 나서는 것은 현실성이
없는 일이었지만 언제나처럼 나는 나의 노력과 열정을 믿
었다.

위탁 판매를 위해 여러 업체 본사의 문을 두드리고 매장
을 방문했다. 대형 유통 업체를 타깃으로 정하기는 했지만
그들과 거래를 할 수 있다는 보장이 없는 상태였기 때문에
중소형 업체들과도 많은 상담을 했다. 로드 숍에서 찾아오
는 고객을 상대하는 것과 내 발로 거래처를 찾아다니며 제
품을 판매하는 것은 비즈니스의 내용이나 형식이 완전히 달
랐지만 익숙해지기 위해 노력을 거듭했다.

두드리면 열린다고 했던가. 얼마 지나지 않아 나는 첫
계약을 성사시킬 수 있었다. 연 매출 1,500억 원 규모의 유통
업체와 액세서리 공급 계약을 체결한 것이다. 제품 구성과
가격에 만족한 유통 업체가 통 큰 계약을 제안해 성사된 것
인데, 이 업체와는 지금까지 좋은 제품을 공급하며 관계를
유지하고 있다. 불과 10년 사이에 이 업체는 매출 2조 원이

넘는 기업으로 성장했다.

대형 유통 업체와의 공급 계약 이후 겪은 어려움은 한두 가지가 아니었지만 파고를 넘고 넘어 지금은 조 단위의 매출을 기록하는 대형 유통 업체 몇 곳에 제품을 납품하여 유통하고 있다. 누군가는 별 볼 일 없다고 생각할지 모르지만 나는 고무줄, 실핀, 똑딱핀 등 실용적인 액세서리를 제조하고 유통하는 ㈜인다디에스의 사업이 우리 경제의 실핏줄 같은 소중한 역할을 하고 있다고 믿는다. 지금 나는 중국에서 25,000개의 매장을 운영하는 업체와 상담 중이다. 계약을 체결해서 납품할 수 있다면 좋겠지만 그렇게 되지 않아도 괜찮다. 또 다른 업체를 만날 수 있다고 믿기 때문이다.

물론 사업체를 유지하는 것도 창업과 마찬가지로 근거 없는 낙관으로 가능한 일이 아니다. 하지만 끊임없이 생존법을 고민하고 도전하는 것에 단련되어 있다면 근거 없이 비관할 일도 아닐 것이다.

아름다운 뒷모습

사람은 변한다. 태어나고, 자라고, 늙고, 병들고, 죽는다. 가게나 기업도 사람과 다르지 않은데 인다 이대점도 이런 과정을 거쳤다. 처음 해피데이라는 이름의 작은 로드 숍을 창업했을 때는 기대와 설렘이 있었지만 곧 고통과 절망의 시간을 보내야 했고, 첫 가게를 폐점하고 인다 이대점을 오픈하고서는 성공적으로 매장이 운영된다는 기쁨에 행복을 만끽하기도 했다.

나는 인다 이대점을 18년간 운영했다. 이대입구에는 한 곳에서 이렇게 오랜 시간 동안 운영된 매장이 거의 없다. 패션의 거리라는 별명처럼 트렌드에 민감한 지역이라 많은 업종의 매장들이 이대입구에서 명멸해 갔다. 그런 곳에서 인다는 틈새시장을 적확하게 잘 파고들어 승부를 본 매장이었다. 인다 이대점의 눈부신 성공은 신촌점과 가맹점, 중국의 직영점과 가맹점을 운영하는 원동력이 되었고, 대량 유통 비즈니스의 출발점이 되어 주었다. 내게 인다 이대점은 든든한 베이스캠프와도 같았다.

그러나 유명 상권이라는 어려운 환경에서 성공적으로 자리 잡고 운영했던 인다 이대점도 변화의 물결을 피할 수 없었다. 오프라인 매장들이 업종 불문하고 겪을 수밖에 없는 일을 어떻게 피할 수 있겠는가? 물론 탁월한 운영자가 놀라운 능력을 발휘해 변화의 물결이 성공의 파도가 되게 하는 경우도 있을 것이다. 하지만 변화의 물결에 휩쓸려 사라지는 것이 일반적인 일이다.

다시 갈림길에 섰다. 법인 ㈜인다다에스를 통해 대량 유통 사업을 진행하고 있었으므로 인다 이대점을 상품 개발이나 판매 촉진을 위한 안테나숍(antenna shop) 개념으로라도 운영할 수 있었다. 하지만 오프라인 매장 운영은 금전적인 부담 이상의 나의 에너지가 요구되고, 또 소진되는 일이었다. 궤도에 오른 법인 사업을 병행해야 하는 바쁜 상황임에도 매장 전담 직원을 여유 있게 채용할 수 없어 로드 숍에 매여 있는 경우가 잦았기 때문이다. 외력에 흔들리지 않는 사업을 위한 크고 작은 도전을 가능하게 해 주었던 나의 든든한 베이스캠프 인다가 어느새 나의 발목을 잡고 있었던 것이다.

인다 이대점 폐점을 검토하면서 나는 오프라인 매장 하나를 닫는 것 이상의 고민을 해야 했다. 삼국지에서 제갈량은 유비의 삼고초려를 받아들여 세상에 나오며 천하삼분지계(天下三分之計)라는 카드를 내밀었다. 천하를 셋으로 나눠 지배하면서 천하 통일을 도모하자는 것인데, 그동안 내가 꿈꾸던 인다의 지속 가능한 성장 모델도 이와 유사했다. 오프라인 매장, 온라인 쇼핑몰, 그리고 대량 유통이라는 3개의 축이 지속 가능한 인다를 만들어 주리라 생각했던 것이다. 따라서 인다를 폐점한다는 것은 그동안 지향했던 인다의 비즈니스 모델까지 바꿔야 하는 큰일이었다. 지난 18년간 웃고 울었던 많은 일들도 주마등처럼 스쳐 갔다.

이전까지 인다 이대점을 폐점한다는 생각을 한 번도 안 했던 것은 아니었다. 장사가 잘되는 매장이 으레 그렇듯 건물주와의 계약 문제로 인다를 닫아야 하나 고민했던 적도

있었으나 인다 운영 자체의 문제가 아닌 외력에 의해 포기
하는 일은 용납할 수 없었다. 하지만 이것은 다른 문제였다.
결국 나는 인다 이대점을 용기 있게 단념했다.

인다 이대점은 이제 없다.

**그러나 로드 숍이라는 형태를 버린 것일 뿐 장사를 하
고, 고객에게 좋은 제품과 더불어 아름다운 추억을 선
사하고, 그로써 나와 다른 사람의 삶을 충만하게 하고
자 했던 인다의 지향은 ㈜인다디에스를 통해 여전히 계
속되고 있다.**

나는 여전히 행복한 핀 장수다.

치우침 없이 조화로운, 넘침 없이 적당한 인생 후반전을 위해

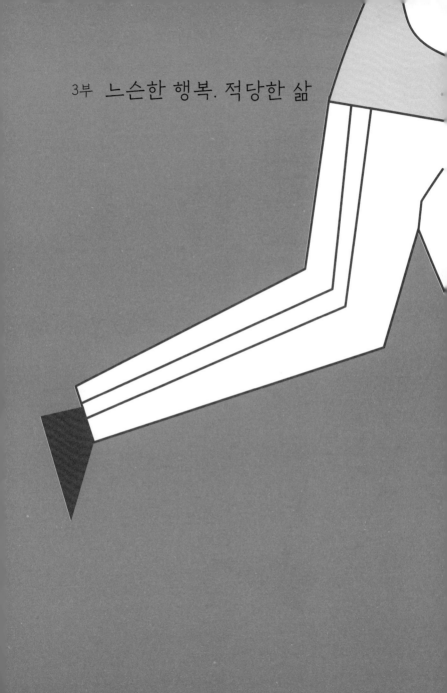

3부 느슨한 행복. 적당한 삶

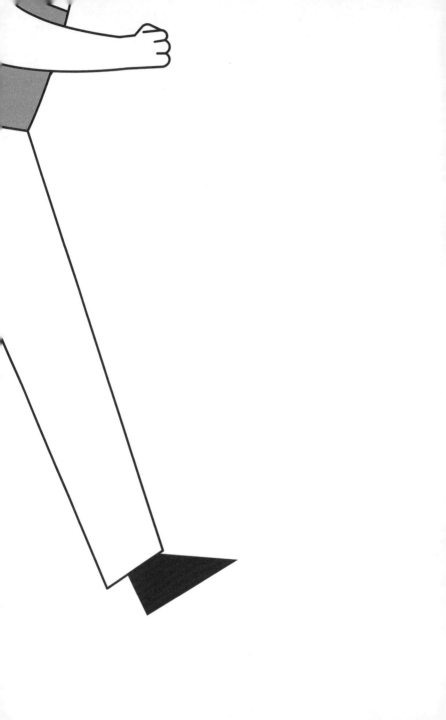

'적당히' 사는 삶에서
발견한 행복

아내가 걸레질을 부탁한 적이 있다. 나는 아내의 부탁을 거절했다. 그런데 아내는 손목이 아프다며 재차 걸레질을 부탁했고, 나는 다시 거절했다. 아내는 잘 부탁하거나 요구하는 성격이 아니고 나도 거절을 잘 하는 편이 아닌데 아내의 부탁을 연달아 거절한 이유는 '적당히' 살아야 한다는 생각을 가지고 있기 때문이다.

한때 나를 움직이던 키워드가 있었다. 열정과 꿈 같은 키워드가 그것이다. 열정을 가지고 꿈을 향해 달려가는 청년의 모습은 얼마나 근사한가? 꿈을 찾는 것이 꿈이 되어 버린 시대에 열정적으로 확실한 꿈을 이루기 위해 노력하는 것은 분명 멋있는 일이다. 그런데 시간이 가고 나이가 들어가면서 나는 열정이나 꿈이 과연 무엇을 위한 것인가에 대해 심각하게 고민하기 시작했다. 그리고 어느 순간 열정이나 꿈 같은 키워드를 내 삶에서 지우기 시작했다.

2010년 즈음에 잘나가던 철학자의 강의를 들을 기회가 있었다. 찰나의 순간도 놓치지 말고 치열하게 살아야 한다는 내용이었는데, 나는 손을 번쩍 들고 왜 꼭 그래야 하는지 질문하고 싶었을 정도로 동의하기 어려웠다. 물론 열변을 토하며 자신의 생각을 전하는 강사에게 이런 질문을 한다는 것이 무례한 일일 것 같아 그러지는 않았지만. 철학자는 한 번뿐인 인생인데 무엇을 위해 그리 치열하게 살자는 것인지는 말하지 않았다. 치열하게 살 수도 있고 그렇지 않을 수도 있는데 왜 모두들 치열하게 살아야 한다고 주장했던 것일까?

나는 대충 사는 것이 좋다. 이만하면 적당하다고 생각하며 적당히 사는 것이 좋다. 내가 이런 말을 하면 아내는 나에게 대충 살지도 않으면서 그런 말을 한다고 싫은 소리를

시간이 가고 나이가 들어가면서
어느 순간 열정이나 꿈 같은 키워드를
내 삶에서 지우기 시작했다.

한다. 그런데 나는 진심으로 대충 사는 것이 좋다. 내가 훈련이 덜 된 까닭에 적당히 살지 못하는 것이지 치열하게 살고 싶은 생각에서 움직이는 것이 아니다.

치열하거나 적당히 사는 문제는 철학적인 문제만은 아니다. 아내가 부탁한 걸레질 이야기로 다시 돌아가면 내가 아내의 부탁을 거절한 것은 이유가 있다. 아내는 젊은 시절처럼 힘 있게 걸레질을 하기 힘들다며 걸레질이 가능한 로봇 청소기를 구입했고, 또 사용하고 있다. 문제는 손으로 하는 것만큼 구석구석 깨끗하게 걸레질이 되지 않는다는 것이다. 아니 그것보다 아내는 깔끔하게 걸레질이 된다는 생각이 들지 않는 모양이다. 걸레질 로봇 청소기를 오랜 시간 돌린 후에도 손으로 다시 구석을 걸레질한다. 그러다가 손목이 아프자 내게 부탁을 했던 것이다. 그러나 나는 변화를 수용해야 한다고 생각한다. 젊은 시절처럼 걸레질을 할 수 없다면 적당한 방법으로 깔끔하게 해야 하고, 부족하면 덜 깔끔한 것을 참아야 한다고 생각하는 것이다. 나도 걸레질을 하면 허리가 아프고 손목이 아프다.

이건 식사의 경우도 마찬가지이다. 지금 젊은 시절처럼 세끼 식사를 하면 제대로 소화시키기 어렵다. 적당히 먹어야 하는 것이다. 활동은 그때만큼 하지 못하면서 젊은 시절처럼 먹고 나잇살이 쪘다고 투덜대는 것은 어리석은 일이다.

언제까지 만족하지 않고 앞만 보고 달릴 것인가? 무엇을 얻을 때까지 열정과 꿈을 가지고 달릴 것인가? 내가 가졌던 가장 좋은 것이나 앞으로 갖고 싶은 가장 좋은 것만을 바라보며 산다면 지금 나는 만족할 수 없는 사람이 되지 않을까?

애써 행복할 필요는
없지 않은가?

살다 보면 매일, 매 순간 좋거나 싫은 일을 겪게 된다.
언제나 그렇다. 나는 대체로 좋은 일이 많으면 행복한 것이
라고 생각한다. 그렇지 않았어도 행복하지 않았을 뿐 반드
시 불행하다고 말할 수는 없다. 세상에 완벽하게 행복하거
나 완벽하게 불행한 삶이 있을까. 대체로 많이 불행하거나
많이 행복할 수는 있겠지만 저울추가 조금 기울어지는 정도
의 문제이지 한쪽으로 완전히 쏠리는 것은 아니다. 더구나
행복은 주관적인 감정이다. 내가 마음먹기에 달렸다는 것
이다.

내게는 잠들기 전에 하루를 복기하는 습관이 있다. 복기라고 해 봐야 대단한 것은 아니고, 그저 오늘 있었던 일들에 대해 잠시 생각하는 것이다. 나는 이럴 때 기분이 좋고 즐겁다. 평화로운 잠자리에서 조금 여유 있게 눈이 떠지면 참좋다. 스포츠 센터에 내가 좋아하는 러닝 머신 자리가 마침비어 있을 때나 운동 후 들어간 온탕의 온도가 딱 39.5도여서 너무 뜨겁지도 미지근하지 않을 때 빙그레 웃음이 난다. 출근길에 길이 조금 덜 막히거나 빨간 신호를 피할 수 있으면 운이 좋다고 느껴지고, 혹여 그렇지 않더라도 홀로 차 속에서 조용히 일과를 계획하는 시간이 좋다. 갓 내린 커피 한모금이 주는 만족, 직원과의 반가운 아침 인사도 좋다. 바쁜업무는 즐거울 틈 없이 지나가는 듯싶지만 차라도 한잔하며 멍하게 있어도 좋은 날에는 횡재한 기분으로 여유를 즐긴다. 진득하게 책장을 넘길 수 있는 시간은 장소와 관계없이 만족스럽다. 마라톤을 하기 직전 느껴지는 약간의 긴장, 달린 후 다리 근육을 휘감는 느낌도 즐거움을 준다.

이런 일을 겪을 때마다 진지하게 '아, 나는 행복해.'라고 느끼면 그건 이상한 사람일 것이다. 그러나 별 볼 일 없고 시시하더라도 이러한 기쁨과 즐거움이 쌓이면 대체로 행복하다고 느낄 수 있는 기분이 든다. 물론 싫은 일들도 있다. 묵직한 고민을 던지거나 걱정스러운 문제도 있다. 그러나 여전히 나의 하루는 대체로 즐겁고 좋은 일이 더 많고, 그래서 행복하다. 좋은 일과 즐거움을 주는 일은 내가 찾아서 할 수 있기 때문이다.

소소하지만 확실한 행복은 그리 대단하지는 않아도 확실한 행복을 느끼는 것의 중요함을 강조한다. 나는 소확행 열풍이 반갑다. 행복이 손에 잘 잡히지 않는다고 느껴진다면 너무나 완벽한 행복만을 기대하는 것은 아닌지, 강박에 가깝게 헛힘을 쓰고 있는 것은 아닌지 돌아볼 필요가 있다.

나는 느슨한 행복론을 전파하고 싶다. 파랑새는 가까운 곳에 있는 것이고, 행복은 발견하는 것이다.

만약 누군가 오늘 불행하다고 생각한다면 그는 내일도 불행하다고 생각할 가능성이 높을 것이다. 지금 가까이에 있는 행복을 느끼고, 지금의 현실에 감사하는 인생을 산다면 삶이 훨씬 풍요로워지지 않을까?

기대하기보다
만족하는 연습이 필요하다

 설렘과 기대가 나를 자주 찾던 시절이 있었다. 그것은 나의 것이기도 했고, 나를 바라보고 응원하던 주변인들의 것이기도 했다. 그러나 50이 넘은 중년이라면 달뜬 설렘과 기대는 이미 과거의 것이 되었다고 생각하는 편이 좋다. 젊음을 가진 청춘이라면 큰 꿈과 계획을 세우고 기대감에 부풀 수 있겠지만 50대는 다르다. 50대에 갑자기 다른 인생을 살 확률이 얼마나 될까? 중년에게 무언가를 특별히 기대하는 사람들이 있을까? 명예퇴직을 앞둔 직장인에게 큰 기업의 창업자가 되어 멋진 모습을 보여 줄 것을 기대하겠는가? 정치에 뛰어들어 국회의원이라도 되기를 기대하겠는가? 평생을 평범하게 살아온 사람에게 중년의 멋진 배우가 되기를 기대하겠는가?

50은 무언가를 기대할 나이가 아니라 작고 사소한 것에 만족해야 할 나이다. 명예퇴직의 시점이 조금 미뤄지기를 바란다거나 현직에 있을 때 자녀가 결혼하기를 바라는 정도의 기대라면 만족스러운 중년 생활을 할 가능성이 높다. 누구나 한 번쯤 기대감 없이 관람했던 영화가 예상외로 재밌었다거나 별생각 없이 들른 식당에서 맛있는 식사를 한 경험을 가지고 있을 것이다. 인생이 그렇다. 기대하지 않았던 결과에 만족하는 경우가 훨씬 많다.

나의 부모 세대를 보면 어떤 일이 벌어져도 크게 놀라지 않고 작은 일에도 기뻐하는 것을 볼 수 있다. 인생의 경험은 많고 기대는 적기 때문이라고 짐작한다. 평생을 함께해 온 형제자매의 죽음 앞에서도 담담하고, 배우자의 죽음 역시 우리가 생각한 것보다 강하게 견뎌 낸다. 산전수전 겪고 볼 것 안 볼 것 다 보며 살아온 인생이라 죽음조차 그리 대단한 일이 아니라고 느끼는 것인지도 모른다. 반면 내 젊은 시절을 떠올려 보면 큰일이 왜 그리 많았는지 모르겠다. 지금 생각해 보면 대수롭지 않게 느껴지는 일들이 당시에는 얼마나 큰일처럼 느껴졌는지.

어린 시절 나는 의사를 꿈꾸기도 하고, 큰 슈퍼마켓의 사장이 되겠다는 바람을 갖기도 했다. 부모님도 내가 어떤 사람이 되었으면 하는 기대를 품으셨을 것이다. 그러나 지금 나는 그런 생각을 하지 않고, 어머니께서도 내가 건강히 가족을 잘 건사하는 것 정도만 기도하시는 듯하다. 그 이상은 지금 내가 이룰 수 없기 때문일 것이다. 그러고 보면 50은 나에 대한 기대가 사라지는 나이인지도 모른다. 기대도 못 하냐고 반문할 수 있다. 하지만 기대가 없다는 것은 무력감이나 패배감과 비슷한 성질의 그 무엇이 아니다. 현실의 조건을 객관적으로 직시하고 받아들여야 한다는 의미다. 실망하지 않기 위해 기대하지 않는 것과 현실의 조건을 인정하고 받아들이는 것은 다른 차원의 일이다. 내 조건에서 할 수 있는 일을 정확하게 알고 판단해야 현실적인 결과를 얻을 수 있다. 50이 넘은 중년의 나이에 뜬구름 잡는 이야기를 하는 사람이 되지 않으려면 나의 조건을 정확하게 인식해야 한다. 하지 못할 것을 기대하며 헛된 꿈을 꾸지 말고 할 수 있는 작은 것을 바라고 만족하자. 존재가 변하면 생각이나 기대도 달라져야 한다.

나에 대한 기대가 사라지면서 아이들에 대한 기대가 커지게 마련이지만 이 또한 경계해야 한다. 나만 해도 아이들이 무난하게 취업을 할 수 있기를 바라지만 사실 이는 결코 소박한 바람이 아니다. 나의 힘으로 이룰 수도 없는 일이고. 온전히 아이들의 몫으로 거쳐 가야 할 길임을 알기에 너무 힘주어 생각하거나 기대하지 않으려고 마음을 다잡는다. 나의 삶이나 아이들의 미래 모두 나의 기대대로 되지 않는다. 할 수 있는 최선을 다하되, 영역 밖의 기대는 내려놓는 연습이 50에게 필요하다.

불안을 멀리하라,
내일도 별일 없을 테니

90년대 중반 신혼 시절, 아내와 함께 했던 호주, 뉴질랜드 여행 중에 어느 노부부를 만난 적이 있다. 당시 80대 고령의 의사였던 남편분이 청해 아내와 함께 간단히 한잔하며 이야기를 나눴다. 그분은 내게 하고 싶은 것이 무엇이냐고 물었다. 갓 서른이 넘었던 나는 하고 싶은 것과 하지 못하는 것에 대해 말했다. 내 이야기를 한참 듣던 그분은 '자네는 젊어서 그러네.'라며 자신의 눈앞에 바짝 손을 펴고 위아래로 흔들면서 '나는 인생을 다 살아서….'라는 말을 덧붙였다. 인상적인 것은 말이 아니라 그분의 표정이었다. 노의사의 얼굴에는 어떤 불안이나 초조함도 없었고, 삶에 달관한 어른의 모습이 비쳤다. 불안한 청년이었던 나는 그분에게서 인생 살아 보니 별것 아니더라, 그러니 불안해하지 말고 잘 살아 보라는 격려와 응원을 받은 것 같은 기분이 들었다.

'현실은 초라하고 미래는 불안하다'고 느끼는 청년들을 자주 본다. 하고 싶은 것은 많은데 당장 가진 것은 없고 어떤 성공도 하지 못할 것 같은 불안. 청년의 나이라면 그런 불안함과 초라함을 느끼는 것이 당연하다. 나도 그랬으니까. 이제 막 인생의 출발선에 선 사람이 손에 쥐고 있는 것이 얼마나 되겠는가. 그러나 50의 나이에도 이런 생각을 하고 있다면 이야기가 다르다. 현실에 만족하지 못하고 미래에 대한 막연한 두려움에 오늘의 삶을 잃고 있는 것은 아닌지 돌아봐야 한다. 늙고 병들고 죽는 일이 꽤 임박한 것 같은 기분인가. 그런데 이는 50대 중년만 그런 것이 아니다. 그저 태어난 모든 사람들이 별일이 없다면 겪게 되는 삶의 과정일 뿐이다. 그것이 두려운 것이라면 내가 여행 중 만났던 노의사는 공포감에 질려 내게 응원을 보낼 여력이 없었을 것이다. 그런데 무엇이 두려운가? 왜 두려워하는가? 나에게 일어날 나쁜 일이 무엇일까?

직장이나 사업, 부부 관계,
자녀 문제, 건강, 노후 걱정….
지금 느끼는 불안이 실체가 있는 것인지,
근거 없는 막연한 것인지 따져 보자.

내가 인생의 책으로 꼽는 미치 앨봄의『모리와 함께한 화요일』에는 대학 졸업 후 16년 만에 루게릭병에 걸려 죽어가는 스승 모리를 찾아간 미치에게 모리 교수가 네 가지 질문을 하는 장면이 나온다. 그중 한 질문이 '마음은 평화로운가?'였다. 현실에 만족하지 못하고 막연한 두려움으로 불안해하는 사람의 마음이 평화로울 수는 없는 일이니 죽음을 앞둔 노교수가 제자의 삶을 염려하며 던지기에 가장 중요한 질문이었을 것이다. 스스로 물어보자. 나의 마음은 평화로운가?

중년의 불안은 걱정한다고 해결될 문제가 아니다. 직장이나 사업, 부부 관계, 자녀 문제, 건강, 노후 등 다가올 미래에 대해 생각하면 잠이 오지 않을 정도로 복잡해 보이지만 사실 간단하게 생각할 수도 있다. 지금 느끼는 불안이 실체가 있는 것인지, 근거 없는 막연한 것인지 따져 보자. 자녀 문제를 예로 들자면, 내가 고민한다고 해서 해결되는 문제는 많지 않다. 자녀의 진학이나 취업, 결혼 등의 큰 이벤트에서 부모가 할 수 있는 것이 무엇이 있을까? 그저 관심을 가지고 자녀의 결정을 존중하고 사정이 허락하는 범위에서 도움을 주는 것 정도일 것이다. 괜한 노파심으로 안달복달한다고 해서 달라질 것은 별로 없을뿐더러 부모의 그런 모습이 자녀에게 좋은 영향을 주지도 않는다.

건강이나 노후 준비에 관한 것도 그렇다. 우리는 공포 마케팅 전성시대에 살고 있다. 자극적으로 불안을 부추기는 풍조 이면에 혹시 다른 셈법이 작동하고 있지는 않은지 따져 볼 필요가 있다. 건강 보조 식품이나 약을 생각해 보자. 도대체 몇 가지나 되는 건강 보조 식품과 약을 먹어야 나의 건강을 지킬 수 있을까? 우리가 상식으로 믿고 있는 비타민 복용조차도 의학적 효과에 대한 논란이 끊이지 않는데, 약을 먹지 않으면 큰일이라도 날 것처럼 괜한 불안감에 휩싸여 호들갑을 떨고 있는 것은 아닐까? 나의 부모가 중년이었을 때와 비교해 보면 지금 우리는 너무 많은, 그리고 인위적인 불안 속에서 살고 있는 것 같다.

나는 나의 미래를 부모 세대의 모습에서 찾으려 한다. 나의 미래가 부모님의 현재와 크게 다르지 않을 것이라 생각하기 때문이다. 아버지가 작고하신 후 홀로 지내시는 어머니의 모습은 편안해 보인다. 의식주에 필요한 돈은 거의 없다. 소화가 되지 않아 하루 두 끼 식사하는 것도 부담스러워 하시니 식비가 거의 들지 않고, 새로운 옷을 사서 입을 일도 별로 없다. 요즘 노후 자금 10억은 있어야 한다는 이야기가 심심치 않게 들린다. 막연히 그런가 보다 생각하며 불안해하기 쉽지만 금융사들의 공포 마케팅일 뿐, 주위에 10억을 가지고 있는 노인들이 몇 명이나 되겠는가. 대한민국은 의료 보험이 잘 갖춰진 나라라 의료비에 대한 부담도 크지 않아 건강하기만 하다면 사는 데 큰 문제가 없다. 노후에 일 걱정을 할 것도 아니고 자녀는 자신의 삶을 살고 있을 텐데 무슨 걱정이 있을까?

내가 지금 어떤 목표에 도달해 있지 않다는 이유로 미래를 불안해한다면 마음의 평화는 찾아오지 않는다. 물론 미래에 대한 걱정을 무조건 실체 없는 것이라고 폄훼하며 근거 없는 낙관론을 펼치려는 것은 아니다. 다만 오늘을 미래에 담보 잡히는 불안은 어리석다고 말하고 싶다. 아직 오지 않은 미래를 걱정하기보다 오늘을 더 충실하게 살아야 한다.

미래를 불안해하지 말자. 지금 열심히 살고 있고 별 문제가 없다면 내일도 별일 없을 것이다.

나이 들수록
필요한 네 가지

　언젠가 대통령 선거 유세전이 한창일 때 텔레비전을 보다가 눈과 귀를 의심케 하는 장면을 보았다. 유력한 대권 주자였던 정치인이 한 초등학교를 방문했다가 초등학생의 질문을 받고 당황하는 상황이었다. 아이는 "할아버지는 취미가 뭐예요?"라고 물었는데, 70세 전후의 나이였던 정치인은 이 질문에 바로 답을 하지 못하고 헛웃음을 짓고 있었다. 잠시 답을 기다리던 아이는 "바둑이라고 하세요, 바둑."이라며 후보에게 귀띔을 해 주었다. 화면에 바둑판이 있는 교실의 모습이 잡히는 것을 보니 아마 특별 활동으로 바둑을 하는 도중에 대권 후보의 방문을 받은 모양이었다. 내가 놀란 것은 아이의 맹랑함이 아니라 70세 전후의 노인이 곧바로 답을 하지 못하고 당황하며 헛웃음을 웃었을 정도로 취미를 가지지 못했다는 것이다. 좋은 대학을 나오고 훌륭한 경력을 가졌을, 유력 정당의 대선 후보로 나선 이의 모습으로는 이해하기 어려운 장면이었다.

그때 나는 문득 대기업에 다니는 내 친구들을 떠올렸다. 50살이 넘은 나이에 회사를, 그것도 대기업을 잘리지 않고 다니고 있다는 것은 이미 검증된 능력을 보여 주고 있는 것이라고 생각한다. 그런데 이렇게 능력 있는 친구들이 연차 휴가를 통해 긴 자유 시간을 갖게 되면 남는 시간을 어쩌지 못하고 쩔쩔매는 것을 여러 번 보았다. 경제적인 여유가 있으면 해외여행을 다녀오기도 하지만 대부분은 대학생이나 고등학교 고학년인 자녀들이 있는 경우가 많아 훌쩍 여행을 떠난다는 것이 쉽지 않다. 심적으로 부담을 느끼기 때문이다. 평생 자유롭게 긴 시간을 써 본 경험이 없고, 특별한 취미를 갖지 못한 경우 갑자기 생긴 자유 시간을 당혹스러워 하는 것 같다.

나는 나이가 들수록 네 가지가 꼭 필요하다고 생각한다.

취미와 친구, 그리고 건강과 약간의 경제적 여유가 그것이다. 어느 것 하나라도 부족하면 중년 이후의 생활은 즐거운 것이 되기 어렵다. 우리는 습관적으로 경제적인 부분에 대한 것만 노후 대책으로 생각하는 경향이 있는데 사실 그렇지 않다. 네 가지가 조화롭게 준비되지 않으면 행복한 노후를 기대하기 어렵다. 어느 순간 원한다고 해서 갑자기 만들 수 있는 것도 아니다. 중년이 되기까지의 전 과정을 통해서 준비해야 하는 것이다.

돈과 건강은 이미 많은 사람들의 관심사로서 준비가 필요하다는 생각을 지나칠 정도로 많이 하는 것이 문제일 수 있을 정도니 언급하지 않겠지만, 취미와 친구는 나이가 들수록 중요해질 문제이다. 텔레비전을 끼고 소파에 누워 하루 종일 뒹굴 생각이 없다면 말이다. 친구가 많았던 사람도 나이가 들면서 교류하는 친구의 범위가 줄어든다. 활동 범위가 위축되기 마련이니 새로운 친구를 사귀기 어렵고, 이런저런 이유로 기존의 친구 관계도 좁아진다. 경제적인 곤란함이나 뜻하지 않은 가정사 등의 문제로 연락이 끊기는 친구들이 얼마나 많은가? 연락이 끊긴 그 친구도, 나도, 나처럼 그를 친구로 둔 다른 많은 이도 모두 함께 하나의 관계

우리는 습관적으로
경제적인 부분에 대한 것만
노후 대책으로
생각하는 경향이 있는데
사실 그렇지 않다.

를 잃고, 함께 공유한 세계는 사라지며, 그만큼 활동 범위가 줄어드는 셈이다. 서글픈 일이다. 이런 위험은 내 또래 누구나 겪을 수 있다.

다행히 취미가 그런 위험을 상쇄해 줄 수 있다. 취미란 거창한 것이 아니다. 나는 취미란 소일거리라고 생각한다. 꼭 운동을 하거나 뭔가를 만들어 내는 일만이 아니라 '여유로운 시간을 값지게 즐길 수 있는 무엇'을 의미하는 것이다. 내가 다니는 스포츠 센터에는 은퇴자들이 많은 편이다. 골프 연습장과 수영장, 헬스장, 사우나 등이 함께 있어서 원하는 운동을 골라 여유롭게 즐기는 사람들을 많이 본다. 그중에는 동네 도서관에서 자주 만나는 분도 있는데, 운동을 즐기고 도서관에서 알찬 시간을 보내는 모습이 보기 좋다. 돈한 푼 들이지 않고도 1년 내내 냉난방이 되는 쾌적한 환경에서 여러 종류의 일간지나 잡지, 책을 읽으며 공부를 하니 이얼마나 좋은 취미인가. 봉사를 하며 약간의 용돈을 버는 일도 좋을 것이다. 그러다가 새로운 친구를 사귈지도 모를 일이고. 결국 취미란 시간을 어떻게 보내느냐의 문제지 돈과 관련된 문제가 아니다.

특별한 경우가 아니라면 우리 앞에는 자유로운 긴 시간이 놓일 것이다. 이 자유로운 시간이 시간과의 긴 싸움이 되지 않고 즐겁고 여유로운 나날이 되게 하려면 우리는 지금 무엇을 준비해야 할까?

남아도는 시간을
어떻게 보내야 할까?

시간은 누구에게나 공평할까? 50대가 되고 보니 그렇지 않은 것 같다. 중년에게 남아 있는 시간은 이전과는 다른 성질일 확률이 높다. 분명히 시간은 있는데 신체적으로나 사회적으로 이전처럼 활동할 수 없을 테니까. 급격히 쇠락한 체력을 실감하며 즐기던 취미의 강도와 빈도를 줄여야 할 것이고, 정상적인 경제 활동을 할 수 없는 상태를 씁쓸하게 받아들여야만 할지도 모른다.

이미 지나온 시간은 많이 달랐다. 나의 경우는 항상 시간에 쫓기며 살아왔다. 내 세대 누구라도 나와 다르지 않았을 것이다. 많은 친구들과 경쟁하며 학창 시절을 보냈고, 입시와 취업, 결혼과 출산 등으로 이어진 인생 유전에 여백이 끼어들 자리는 없었다.

내 손에 쥔 젊음이라는 값진 보석을 연료로 달리며 마냥 바쁘게만 살았던 것이다. 당연한 줄 알았던 젊음이 사라진 지금, 우리는 어떻게 해야 할까?

우리는 시간에 관해서 공통된 이야기를 하며 살아간다. "바쁘다, 시간 없다." 이것 말고 다른 이야기를 하는 것을 들어 본 기억이 없을 정도다. 그런데 50이라는 나이가 되면서 시간이 남아도는 인생을 사는 사람들의 모습이 보이기 시작했다. 항상 시간에 쫓기며 살던 내 또래의 사람들이 갑자기 많은 시간과 싸우며 살아야 하는 곤란한 존재가 되는 것이다. 내가 프란츠 카프카가 쓴 『변신』의 주인공 그레고르를 떠올리는 것도 무리는 아니리라. 가장의 역할을 하던 그레고르는 어느 날 충격적인 모습으로 변신한 후 가족의 천덕꾸러기가 되고 만다. 나는 시간도 그렇게 변신한 모습으로 내게 다가올 것을 예견할 수 있다. 주체할 수 없는 시간에 허덕이는 중년의 모습이 변신한 그레고르와 크게 다르지 않은 것도 같고.

상상해 보자. 어느 날 갑자기 실직자가 된 내 모습을. 눈을 뜨면 밥 먹을 새도 없이 정신없이 출근해서 일을 하고 이런저런 이유로 늦은 퇴근을 하고 잠이 들고 다시 출근하는 다람쥐 쳇바퀴 돌리는 듯한 생활을 하다가 실직자가 되다니! 실직한 다음날부터 당장 할 일이 없어지는 것은 당연한 일이 아닌가? 내 삶의 거의 대부분의 시간을 보내던 직장이나 일에서 놓여나는 순간 누구에게나 공평한 줄 알았던 24시간의 시간을 가지고 쩔쩔매게 되는 것이다.

은퇴 후에 아내에게 가장 미움을 받는 남편은 집에서 하루 세끼를 먹는 삼식(三食)이라는 유머 아닌 유머가 사람들에게 회자된다. 가족을 부양하던 든든한 가장이 삼식이가 되는 일은 내 눈앞에 닥친 일이다. 소파와 침대, 식탁을 오고가며 텔레비전 리모컨을 손에 쥐고 하릴없이 남은 인생을 소비하지 않으려면 지금 당장 내 시간의 지배자가 되어야 한다. 고기도 먹어 본 사람이 잘 먹는다는 말처럼 시간도 제대로 써 본 사람이 잘 쓸 수 있고, 지배할 수 있다. 젊음이라는 연료 없이도 주어진 시간을 충만하게 채우는 경험과 훈련이 필요한 것이다.

나는 매일 아침 다니는 스포츠 센터에서 많은 은퇴자들을 만난다. 오랜 기간 마주치며 인사를 나누게 된 사람도 몇 있다. 그들이 어떤 인생을 살아왔는지는 알 수 없지만, 대화를 나누며 현재 그들이 가진 공통된 인식만큼은 분명히 알 수 있었다. 있는 것은 시간뿐이며, 시간이 남아돈다는 것. 그들을 보면 시간을 '사용하는' 것이 주된 일과가 된 일상을 짐작할 수 있다. 한데 조금 다른 사람도 있다. 우리 집 아래층에 사는 분은 하루도 빠짐없이 스포츠 센터에 나와 수영을 한다. 스포츠 센터뿐 아니라 집과 가까운 우면산 산책로에서 만나거나 동네 도서관에서 만나는 일도 잦다. 물론 오며 가며 만난 적은 더 많고. 시간을 사용하는 게 곤혹스럽다는 인상은 전혀 없다. 누가 강요하는 일들도 아닐 텐데 분주하게, 즐거워 보이는 모습으로 다양한 활동을 하는 모습을 보면 멋진 어르신이라는 생각이 든다. 꾸준히 건강 관리를 하며 큰돈 들이지 않고 주변에서 찾아 할 수 있는 생산적인 활동을 계속하는 것. 나도 훗날 저런 일상을 살겠노라 다짐하게 된다.

아내와 나는 은퇴 후 삶에 관한 이야기를 많이 하는 편이다. 고맙게도 아내는 은퇴 후에 내가 자신을 귀찮게 하는 사람이 되지는 않을 것이라고 생각한다고 말한다. 지금과 많이 다른 형태로 시간을 보내겠지만, 앞으로도 아내로부터 똑같은 이야기를 들을 수 있도록 노력할 것이다. 젊음이 있든 없든 신으로부터 받은 24시간이라는 선물이 내 삶을 충만하게 하는 값진 선물이 될 수 있도록 사용하는 것은 온전히 나의 몫이다.

쌓아야 할 것은
돈이 아니라 경험이다

코로나19가 유행하기 직전 나는 40년 된 오랜 친구들과 여행을 다녀왔다. 세계 각지를 여행하며 다양한 에세이를 쓴 무라카미 하루키를 항상 동경해 왔는데, 그처럼 나도 여행지에서 이 책의 원고 작업을 하며 여유로운 시간을 보냈다. 이 얼마나 소중하고 놀라운 경험인가. 친구들과 추억거리를 만들기 위해 떠난 여행도, 짐짓 전문 작가처럼 이국에서 글을 쓰는 경험도 나에게 멋진 기억으로 남았다.

이 멋진 경험을 위해 내가 투자한 것은 무엇일까. 돈? 우리가 사는 세상은 물신(物神)이 지배하는 세상이다. 돈이면 다 된다는 흔들리지 않는 믿음을 가지고 사는 세상. 그러나 그 믿음은 착각이다. 돈은 중요하고 돈이 많으면 많은 것을 편하게 할 수는 있다. 하지만 돈으로 모든 것을 할 수는 없다. 많은 돈이 있어도 '살' 수 없는 것, '할' 수 없는 일이 있다. 특히 계량할 수 없는 소중한 것들이 그렇다. 내가 다녀온 여행에 약간의 경비가 들어간 것은 사실이지만, 오랜 시간 이어 온 친구들과의 인연이 없었다면 그런 여행을 갈 일도, 여행이 그렇게 즐겁고 재밌을 리도 없었을 것이다.

학창 시절부터 함께한 오랜 친구가 10여 년 전에 이런 말을 했었다. "매출 100억 원이 될 때까지가 힘들지 그 다음에는 금방이더라." 그 친구는 지금 연 매출 3천억 원의 상장 기업을 경영하고 있다. 그렇다면 친구는 지금 10여 년 전보다 30배쯤 행복할까? 아마 아닐 것이다. 친구의 표현에 의하면 30배쯤 더 큰 쳇바퀴를 돌리고 있어서 책임만 무거워졌지 달라진 것이 없다고 한다. 이 친구에게는 더 많은 돈을 쌓는 것보다 좋은 친구를 만나 소주 한 잔 나누는 것이 더 만족스러울지 모를 일이다.

물론 돈이 많은 것은 좋은 일이 맞다. 넓고 좋은 집에 살며, 멋진 자동차와 최신 기종의 스마트폰, 고가의 가전제품들을 마음대로 살 수 있겠지. 더 많은 돈을 들인다면 더 좋고, 더 편리하고, 더 멋져 보이는 것을 사거나 할 수 있을 테고. 오늘 돈을 쌓아 둔다면 내일 더 좋은 것을 얻을 수 있을지도 모른다. 그래서 더 많은 돈을 쌓으려 노력하기만 한다면 그 끝은 어디일까? 언제까지 돈의 힘이 무한할까? 돈으로 살 수 있고, 할 수 있는 일에는 한계가 있고, 질리는 때가 오는 법이다. 그러니 재벌이 자극 없는 삶에 싫증을 느끼고 더 큰 자극을 찾아 마약 복용 같은 범죄를 저지르기도 하는 것이 아닐까.

내가 절대로 돈을 쌓으려 노력하지 말자는 과격한 주장을 하려는 것은 아니다. 언제나 돈은 필요하고 벌어야 하지만 돈이 삶의 목적이 되어서는 안 된다는 말을 하고 싶은 것이다. 나는 부자가 아니지만 내게 필요한 것 대부분을 감당할 수 있다. 하루 종일 먹고 자고 쓰는 데 필요한 돈이 얼마나 되겠는가. 옷장에 지난 몇 년간 입지 않은 옷들이 얼마나 많은데 새로운 옷을 사려고 기웃거리겠는가. 집이나 옷이나 스마트폰, 모든 것이 마찬가지다. 우리 삶에는 생각보다 많은 것이 필요하지 않다. 그러니 많은 돈을 쌓으려는 것은 욕

심일 뿐이다.

세상에는 빈부 격차가 있고 절대 빈곤에 시달리는 사람도 분명히 있겠지만 우리가 느끼는 빈곤은 상대적인 빈곤일 때가 더 많다. 절대적인 빈곤을 넘었다면 욕심을 버리자. 50이 될 때까지 스스로 만족할 만큼 돈을 벌지 못했다면 남은 생애에 더 이상 많은 돈을 벌기는 어렵다고 생각하는 것이 맞다.

긴 세월을 들여 돈을 벌기 위해 전력 질주했음에도 못 이룬 것을 지금 더 열심히 하면 할 수 있을지도 모른다고 생각하는 것은 어리석다. 충분히 많은 돈을 벌었음에도 여전히 욕심을 내는 것 또한 어리석다.

중요한 것은 돈을 쌓는 게 아니라 소중한 경험을 하고 추억을 쌓는 일이다.

돈은 있을 수도 있고 없을 수도 있지만 경험과 추억이라면 지금 당장, 얼마든지 하나씩 쌓아 갈 수 있다. 과하지 않다면 좋은 경험과 추억을 위한 지출도 아끼지 말아야 한다. 나의 내면을 채우는 경험과 기억은 세상사에도 크게 흔들리지 않고 오랜 시간이 흘러도 쉽게 사라지지 않으니까. 넘쳐 나는 많은 시간과 함께 보낼 노년에도 좋은 위안이 될 것이다.

50의 품격

　　살면서 중요한 원칙으로 꼽고 있는 것 중의 하나가 비교하지 않는 것이다. 살다 보면 비교를 당하거나 비교를 하게 마련이지만 그 결과는 언제나 좋지 않다. 교만해지거나 초라해지거나 둘 중 하나일 뿐. 어떤 결과든 삶에 도움이 되지 않는다.

　　회사의 차량 중에 '다마스'라는 경상용차가 있다. 법적으로 경차로 분류될 정도로 작은 몸집이지만 매우 효율적으로 화물을 실어 나르도록 디자인된 차량이다. 회사의 업무 특성상 적합해서 들이고 보니, 바쁠 때는 내가 직접 다마스를 운전해야 할 일도 생겼다. 처음에는 수동 운전이 익숙하지 않았지만 오토 운전과는 분명 다른 매력이 있었다. 업무 효율도 높고 운전도 재미있어서 제법 오랫동안 다마스로 출퇴근을 하며 물건을 픽업하거나 전달했는데, 문제는 주위의 시선이었다. 나를 아는 이웃이 다마스를 보면 내가 떠오른다고 했을 정도로 주위 사람들에게 깊은 인상을 남겼던 것 같다. 하기야 나부터도 같은 아파트에 살면서 다마스를 가지고 출퇴근하는 입주민을 보지 못했으니, 주민들이 나를 보며 어떤 생각을 했을지 짐작이 가지 않는가? 운전 중에 받았던 다른 운전자들의 무시는 더 심각했다. 방향 지시등을 켜고 차선 변경을 하려고 해도 양보를 해 주는 운전자는 드물었고, 내가 양보를 해도 고맙다는 신호를 받지 못했다. 노골적인 무시가 생각지 못했던 안전 문제까지 이어지는 일도 있었다.

여러 이유로 지금은 다마스 운전을 하지 않게 되었지만 우리나라 운전자들의 소형차 무시는 유난스러울 정도로 심하다. 크고 비싼 차가 인격을 대변하는 것은 아니다. 차량이 마치 자신의 지위나 인격이라도 되는 양 행동하는 게 얼마나 바보 같고 우스운 일인지는 굳이 말하기조차 새삼스럽다. 어떤 차를 운전하든 나는 그저 이은영, 똑같은 사람이다. 차뿐만 아니라 집도, 옷도, 그 무엇도 마찬가지일 것이다. 무얼 입고 쓰든 나의 존재가 달라지는 것이 아닌데, 다른 이를 초라하다고 여기며 우쭐대는 것이 얼마나 어리석은 짓이란 말인가?

아이를 키우면서 비교하는 일은 더 많다. 그런데 내가 아이를 키우며 가졌던 가장 큰 자부심 중 하나는 우리 아이들을 다른 아이들과 절대로 비교하지 않았다는 것이다. 아내를 다른 이의 배우자와 비교하지 않고, 내 부모를 다른 부모와 비교하지 않은 것과 언뜻 같은 맥락으로 보이지만, 아이들을 비교하지 않은 것은 차원이 다른 일이라고 생각한다. 아이를 키우는 사람들은 쉽게 공감하겠지만, 아이에 관해서는 너무 쉽게 비교할 일들이 보이기 때문이다. 공부하는 것이나 먹는 것, 노는 것, 말하는 것, 외모나 키, 옷 입는 것이나 잠자는 시간, 게임하는 것 등 하나부터 열까지 비교하려면 비교하지 않을 것이 없다. 그 많은 유혹을 물리치고 비교하지 않았으니 자부심을 가질 만하지 않은가. 덕분에 나는 내 아이들을 이유로 교만하거나 초라해지지 않을 수 있었다.

물론 내 의지와 무관하게 나의 아이들이 비교당하는 일을 겪으면서 상처를 받는 경우도 종종 있다. 대범한 마음으로 대수롭지 않게 넘어가려고 해도 불쾌한 마음을 지우기 어려운 것이 부모지만 역시 섣부르게 남을 비교해서는 안 된다는 타산지석으로 삼는다.

아이들을 다른 아이들과 비교하지 않으면서 나는 아이들에게 놀라운 선물을 받고 있다. 우리 아이들도 나를 다른 아빠와 비교하지 않기 때문이다. 아이들이 아빠인 나를 비교하기 시작하면 나의 존재가 어떤 위치에 있든 내 인생이 얼마나 서글프고 피곤했을까?

비교하지 않는 생활은 많은 장점이 있다. 특히 삶의 기준과 가치를 온전히 나와 아내, 나와 아이, 우리 가정에 집중해서 둘 수 있다. 올해 대학생이 된 딸이 이른 귀가 시간 때문에 엄마와 실랑이를 벌일 때가 있다. 딸은 10시 반이라는 통금 시간을 두고 신데렐라도 열두 시까지는 밖에 있었다며 더 늦춰 달라고 항변한다. 하지만 우리 집은 우리 집만의 규칙이 있다는 설명에 수긍하고, 다른 집과 비교해서 시간을 변경하려는 것은 통하지 않는 방법임을 잘 알고 있다. 물론 사정이 있을 때 귀가 시간을 늦추려고 미리 상의를 하는 딸의 노력과 주장에 비교적 잘 넘어가 주는 편이긴 하지만.

작은 예를 들었지만 어떤 상황에서도 비슷하다. 남을 비교하지 않으면 나도 비교당하지 않을 수 있다.

내가 누군가와 무엇인가를 비교하면 나도 똑같이 누군가에게 무엇인가를 비교당하게 된다. 내가 교만해지거나 초라해지는 일을 왜 하는가?

좋아하는 것을 하기보다
싫어하는 것을 하지 말자

몇 년 전 이사를 했다. 이사한 아파트는 전에 살던 곳과 아주 가깝지만 조금 더 오래되었고, 조금 더 넓은 평수의 세대로 구성된 단지라 우리처럼 중년 이상의 부부가 사는 가정이 많다. 여느 때처럼 아내와 산책을 하다가 문득 다른 부부가 함께 다니는 것을 보기 어렵다는 생각을 하게 되었다. 차량으로 이동하는 경우에는 함께 움직이지만 그렇지 않은 경우에 부부가 함께 산책을 하거나 활동하는 모습을 본 기억이 별로 없었던 것이다. 그래선지 산책하는 나와 아내를 보며 부부가 함께 다니는 집은 이 집밖에 없는 것 같다며 사이좋은 부부라고 이야기하는 이웃을 여럿 만났다.

중년 부부가 함께 산책을 하는 일이 왜 특별한 풍경이 된 것일까. '중년 부부의 위기'에 관한 언론 보도나 드라마를 쉽게 볼 수 있다. 중년이면 부모와 살았던 시간보다 배우자와 살아온 시간이 더 길어진 나이인데 왜 부부의 위기에 대한 이야기가 넘쳐 날까? 그것은 아마도 연애 시절이나 신혼 때처럼 사랑하지 않기 때문일 것이다. 수십 년을 함께 살아온 부부가 처음과 같은 모습으로 지내기란 불가능하다. 결혼 생활이 지속되려면 사랑하는 방법도 달라져야 하는데 그 방법을 익히지 못해 위기를 맞는 것이 아닐까?

신혼 때 우리 부부는 서로에게 로또와 같은 사람이었다. 어떻게 그렇게 맞는 것이 없는지 신기할 정도였는데, 살아온 환경이 달랐고 사고방식도 정반대였다. 돌아보면 어떻게 결혼했나 싶을 정도였지만 연애 시절의 우리는 많은 차이에도 불구하고 열심히 서로에게 맞췄다. 잘 보이려고 노력했고, 상대방이 좋아하는 것을 하려고 애를 썼다. 상대의 장점만 보이고 나에게 이렇게 잘 하는데 연애가 안되고 결혼을 안 하기가 더 어렵지 않았을까.

이런 연애 시절을 거쳐 결혼을 하고 나면 장점만 보이던 배우자에게서 단점이 보이기 시작한다. 나와 다른 것들이 다름이 아닌 옳고 그름의 문제로 바뀌어 다투게 되고, 갈등이 반복되며 부부 관계가 소원해진다. 가정 경제나 육아 등 현실적인 문제도 만만찮다. 물론 그 사이, 서로의 사랑을 확인하고 변해 보려는 노력도 한다. 그런데도 결국 서로 많은 부분을 포기한 채 적당히 지내거나 위기로 귀결된 상황. 이 시대 많은 중년 가정의 모습이 이렇다면 중년에 맞는 사랑의 방식을 고민해 볼 때다.

나는 아내가 좋아하는 일을 찾아서 하지 않는 편이다. 아내가 좋아하는 행동을 하는 것은 남편의 덕목이겠지만 나는 아내가 싫어하는 일을 하지 않으려 노력하는 쪽이다. 아이들에게도 똑같이 말한다. 엄마에게 잘하려고 노력하지 말고, 먼저 엄마가 싫어하는 것을 하지 말라고. 싫어하는 일을 계속하면서 좋아하는 일을 통해 그것을 만회하고 좋은 관계를 유지하겠다는 생각은 선후가 바뀐 얄팍한 수라고 생각하기 때문이다.

기혼의 부부 중 한 명이 자주 외박을 한다고 가정해 보자. 배우자가 연락도 없이 외박을 반복하면 세상의 어떤 사람이 그 행동을 이해할 수 있을까? 적당한 핑계를 둘러대 한 두 번 넘어갔다고 해도 그것이 외박을 이해한다거나 기쁘게 받아들였다는 의미는 아닐 것이다. 이를 무마하려고 좋은 물건을 선물한다면? 그게 부부 관계에 도움이 될 리 만무하다. 깊은 감정의 골이 패이고 불신이 쌓이는데, 선물이 무슨 해결책이 될 수 있겠는가. 이 부부의 원만한 관계는 외박을 하지 않는 것부터 시작해야 하는 것이다. 부부 싸움의 흔한 원인인 귀가 시간 문제도 그렇다. 배우자가 늦은 시간에 귀가하는 것을 싫어하는데 이런 저런 핑계를 대며 계속 늦게 귀가하면 어떻게 되겠는가? 아무리 상대방을 사랑한다고 말한들 그것을 진심이라고 느낄 수 있을까?

다소 과격한 예를 들었지만, 다른 문제에서도 마찬가지다. 그래서 나는 부부 관계에서 가장 중요한 것은 배우자가 싫어하는 행동을 하지 않는 것이라고 생각하고 그러려고 노력한다. 물론 배우자가 좋아하는 행동을 하는 것은 좋은 일이고, 중요한 일이다. 그러나 싫어하는 행동을 하지 않는 것이야말로 상대방을 존중한다는 증거이자 부부로서 지켜야 할 최소한의 배려, 인간적인 예우다. 상대방이 싫어하는 행동을 하지 않는다는 원칙을 기본에 두고 좋아하는 행동을 하려는 노력을 더한다면 중년 부부의 위기가 내 이야기가 되지는 않을 것이다.

지금 당장 배우자가 싫어하는 것 세 가지나 다섯 가지를 적은 후 하지 않으려고 애써 보자. 사소한 것이라 생각하지 말고. 배우자는 곧 내가 달라졌다고 느끼게 될 것이고, 집안에 흐르는 공기의 온도가 1도 높아질 것이다.

인생 후반전!
앞만 보고 달릴 때는 지났다

'메멘토 모리(Memento mori)'라는 말이 있다. '네가 죽을 것이라는 것을 기억하라'는 의미의 라틴어인데, 중학교 2학년 때 도덕 선생님이 해 주셨던 이야기와 같은 맥락의 말이라 처음 이 말을 듣고 놀랐던 기억이 있다. 까까머리 중학교 2학년 아이들에게 선생님은 '쏜살'이 무엇인지 아느냐고 물어보셨다. 쏜살은 쏜 화살인데, 어디를 향해 날아가고 있는지 아느냐고 다시 물으셨다. 우리는 대답하지 못했다. 선생님은 활시위를 떠나는 화살을 사람이 태어난 것에 비유했고, 쏜살은 빠른 속도로 죽음이라는 과녁을 향해 날아가고 있다고 말씀하셨다. 15살의 아이들이 이해하기는 어려운 내용이어서 당시의 나도 그저 흘려들었던 것 같다. 그런데 메멘토 모리라는 말을 듣자 그때 선생님의 말씀이 다시 선명하게 떠올랐다. 그리고 언젠가는 반드시 죽는다는 것에 대해 잊지 않게 되었다.

십여 년 전의 일이다. 대학 선배들과의 송년 모임에서 죽음에 관한 이야기가 나왔다. 누군가 나에게도 죽음을 어떻게 생각하느냐고 물어 '나는 언제든지 죽을 수 있다고 생각한다. 송년 모임을 마치고 집에 가다가 사고가 날 수도 있고, 지금 집에 전화를 하다가 쓰러져 죽을 수도 있다. 그리고 지금 이 순간 죽는다고 해도 큰 아쉬움은 없다.'고 담담히 답했다. 선배 한 명은 어떻게 죽음을 그렇게 받아들일 수 있냐며 깜짝 놀랐다. 지금 죽는다고 해도 큰 아쉬움이 없을 것이라는 이야기가 몹시 충격적으로 들렸던 것 같다. 물론 사랑하는 가족이 있고 남겨진 일들을 생각하면 아쉬움이 없을수 없겠지만 누구나 언제고 반드시 죽는다. 언제일지 알 수없는 순간에 죽게 되는 것이 인생인데, 지금 이 순간 죽음을 맞이한다고 무엇이 얼마나 달라지겠는가.

언젠가 동생과 성묘를 갔는데 동생이 주위의 무덤을 가

리키며 말했다. "여기 누워 계신 분들도 살아 있을 때는 다들 바빴던 분들일 텐데 결국 이렇게 계속 누워만 있네." 나이도, 성별도, 인생의 모양도, 죽음의 원인도 다 달랐겠지만 결국 은 모두 죽음을 맞이한 사람들의 무덤을 보면서 느끼는 나 의 소회와 동생의 그것은 별반 다르지 않은 모양이었다. 죽 음을 먼 미래의 일이나 나에게는 다가오지 않을 일로 생각 하며 사는 것은 어리석은 일이다.

14년 전 『머리편 장사에 돈 있다』를 출판할 때도 나는 '웰빙과 웰다잉'이라는 소제목으로 죽음에 관한 원고를 썼 었다. 당시는 웰다잉(well-dying)이라는 개념조차 생소하던 시절이었다. 그러나 나는 줄곧 웰빙해야 웰다잉할 수 있다 는 생각을 가지고 있었다. 웰빙(well-being)은 단순히 유기 농 산물을 먹고 운동이나 취미 생활을 하는 것이 아니라 육체 와 정신이 건강한 조화를 이루게 하여 행복하고 아름다운 삶을 추구하는 것이다. 한마디로 말하면 잘 사는 것이다. 그 렇게 본다면 웰다잉은 '잘 죽는 것'이리라. 그때고 지금이고 나는 잘 살고, 잘 죽고 싶다.
죽는다는 것은 인생의 성적표를 받는 일과 다르지 않다.

언제가 될지 모르지만 죽음의 순간, 자신이 인생을 어떻게 살아왔는지에 대한 결과를 알게 될 것이므로. 지금 당장 성적표를 받는다면 내 성적은 어떨까? 바로 내일 내가 죽게 된다면 오늘 나는 어떤 선택을 할까? 최소한 주머니의 돈을 헤아리며 부족함을 안타까워하지는 않을 것 같다. 거래처를 늘리지 못한 것을 아쉬워하거나 더 좋은 옷과 차와 집을 갖지 못한 것을 한탄하지도 않을 것이다. 돈이나 권력, 혹은 명예 같은 것이 삶의 마지막 순간에 어떻게 중요할 수 있겠는가? 그보다 나의 마지막 순간에 곁에 있을 사람이 누구인지, 그들에게 내가 어떤 사람이었는지, 나의 생이 얼마나 값지고 의미 있었는지가 더 중요할 것이다.

죽음을 기억하며 염두에 두고 사는 사람의 삶은 비관적이라기보다 오히려 충만하다.

지금 존재하고 있음에 감사하게 되고, 지금 내 곁에 있는 소중한 것들을 외면할 수 없게 되기 때문이다. 눈에 보이지 않고 손에 잡히지도 않지만 정말로 소중한 것을 먼저 챙기며 사는 삶은 참 값지다. 50은 그런 삶을 살 때다.

가을에는 집을 짓지 않는다

라이너 마리아 릴케의 유명한 시, 〈가을날〉에는 이런 구절이 있다. "지금 집이 없는 사람은 이제 집을 짓지 않습니다." 릴케가 가을의 어느 날을 생각하며 시를 지었으니, 이 시구를 '가을에는 집을 짓지 않는다.'라고 읽어도 오독은 아닐 듯하다. 릴케는 지난여름을 찬미하며 과일과 포도주가 무르익을 이틀의 시간을 더 허락해 달라고, 지금 집이 없는 사람은 이제 집을 짓지 않으며 불안스레 헤맬 것이라고 말했다. 가을날이라는 제목 때문에 가을에 많이 읽히고 소개가 되기는 하지만 나는 이 시를 인생의 가을날을 노래한 시로 읽었다. 내가 봄과 여름을 지나고, 이제 인생의 가을날에 서 있기 때문이리라.

봄과 여름은 씨앗을 뿌리고 열심히 땀 흘려 좋은 열매를 얻기 위해 노력하는 시기이다. 그리고 가을에는 그 노력만큼의 수확을 얻게 된다. 계절의 변화와 사람의 인생이 놀랍도록 비슷하지 않은가? 나의 봄과 여름은 어땠는지 돌아보게 된다. 이제 봄을 맞아 새롭게 시작하는 사람도 있을 것이고, 이미 가을이 지나 겨울을 맞은 사람도 있을 것이다. 나의 계절이 어떤 계절인지, 지난 계절에 나는 어떻게 살아왔는지 생각해 보는 것은 의미 있는 일이다.

지금 봄을 맞은 사람은 씨앗을 뿌려야 한다. 아마 청소년기까지의 시기가 인생의 봄이 아닐까 싶다. 이 시기에 인생의 씨앗을 잘 뿌리는 것이 중요하다. 좋은 성적을 올리거나 훌륭한 대학에 합격하는 것이 좋은 씨앗을 뿌리는 일이라고 생각할 수 있겠지만 내 경험에 비추어 볼 때 인생의 좋은 씨앗은 눈에 보이거나 계량할 수 있는 것이 아니었다. 눈에 보이는 것은 내 손에서 멀어지면 곧 잃게 되는 것이기 때문이다. 정말 중요한 것은 몸과 마음이 모두 건강하게 자라야 한다는 것이다.

여름을 맞은 사람은 어떨까? 굳이 따지면 대략 이삼십

대의 성인이 여름의 범주에 해당되는 사람일 것이다. 이때는 땀 흘리며 열심히 일해야 한다. 물론 현실은 초라하고 미래는 불안한 나이이다. 손에 쥔 것도 별로 없고 삶은 만만하지 않다. 그래도 묵묵히 나의 일을 해야 한다. 여름이기 때문이다. 이런 힘들고 어려운 시기를 잘 통과하지 않으면 가을날의 풍성한 수확을 기대할 수 없다.

시간은 되돌릴 수 없다. 누구에게나 공평하게 주어진 시간은 가을이 되면 결과물을 안겨 준다. 중년의 나이는 가을에 해당한다. 봄에 뿌리는 좋은 씨앗이 그렇듯, 가을에 거둘 풍성한 열매도 꼭 돈이나 권력, 명예를 말하는 것만은 아니다. 봄부터 좋은 씨앗을 심고 여름내 땀 흘려 가꾼 사람에게 가을은 풍성한 열매로 보답을 한다. 릴케가 말한 집도 이미 지었겠지. 그런데 그렇지 못한 사람에게 가을은 풍요로운 계절이 아니다. 그제야 허둥지둥 집을 지으려는 사람도 있을 것이다. 그러나 봄, 여름에 하지 못한 일을 가을에 하는 것이 쉬울 리 만무하다. 릴케가 가을에는 집을 짓지 않는다고 이야기한 것은 어쩌면 지을 수 없다는 것을 완곡하게 표현한 것이 아닐까. 이어 릴케는 불안스레 헤매는 사람을 말했다. 겨울도 아니고 가을의 어느 날부터 벌써.

내가 서 있는 이 가을날, 나는 어떤 열매를 수확할 수 있을까? 그리고 나의 겨울은 어떤 모습일까?

이 글을 읽는 이들에게도 묻고 싶다. 당신은 지금 어느 계절에 서 있습니까?

가을날 나무처럼

나는 나무를 좋아한다. 나무의 일생이 인간사와 비슷한 점이 많다고 생각하기 때문이다. 50대 중반의 나이는 만만한 나이가 아니다. 세상을 제법 오래 겪어 왔고, 세상의 많은 문제를 온몸으로 받아 내며 꿋꿋하게 뿌리박고 서 있어야 할 나이이다. 대지에 깊게 뿌리내린 나무는 흔들려도 뽑히지 않는다. 흔들리며 가는 인생이라지만 뽑히지 않을 만큼 깊게 뿌리박은 삶을 살기 위해 나는 노력해 왔다.

나무의 나이테는 사계절을 겪으며 자신이 얼마나 자라났는지 보여 주는 온몸으로 남긴 정직한 흔적이다. 사람에게도 겪어 온 세월의 흔적은 반드시 남는다. 나이테처럼 나의 인생에도 많은 흔적이 남아 있다. 지난 20여 년간 나는 가정을 이루고, 직장 생활을 했고, 창업을 했으며, 법인을 설립

했다. 단 한 줄로 짧게 정리한 인생이지만 그 속에 담긴 나의 삶은 결코 간단하지 않았다. 돌아보니 아쉬운 삶이지만 인생은 언제나 단 한 번의 기회를 써 가며 사는 것이니 후회할 일은 아니다. 지나온 나의 삶은 힘들지 않은 때가 없었으나 행복하지 않았던 때도 없다. 많은 실수와 시행착오가 있었지만 그 많은 순간들에 최선을 다했기에 후회는 없다. 언제나처럼 연습 없는 삶을 오늘도 충실하게 살아 내는 것이 내가 할 일이라고 생각할 뿐이다.

나이테를 만들며 자라는 나무가 있는가 하면 마디를 맺으며 크는 나무도 있다. 하나의 마디를 단단하고 충실하게 매듭짓지 않으면 키 큰 나무가 될 수 없다는 점도 인생과 닮았다. 지금 나는 거침없이 달려온 지난 20여 년을 돌아보며

내 삶의 한 마디를 매듭지으려 한다. 그리고 이제 겨울날의
내 삶을 준비하려고 한다.

　가을날의 나무는 열매를 맺고 잎을 떨군다. 그리고 겨울
의 나목(裸木)이 된다. 50대인 나의, 우리의 시간도 아마 이
렇게 흘러가겠지. 다가올 봄은 나의 봄이 아니겠지만 그래
도 기꺼이 아름다운 봄날을 꿈꿀 것이다.